JUDO

Dieses Buch gehört:

Jonas Buck

Platz für Autogramme:

Hedda Sander/Björn Deling

JUDO

Das gesamte Standprogramm von weißgelb bis braun (8. – 1. Kyu)

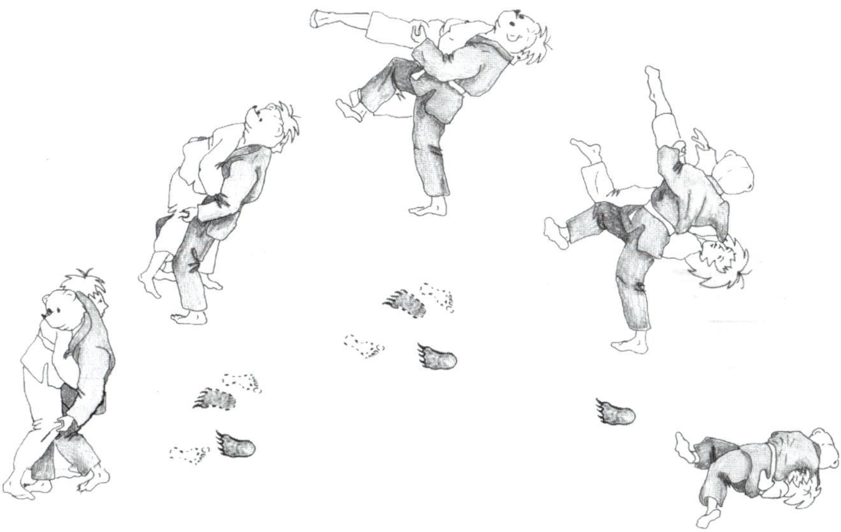

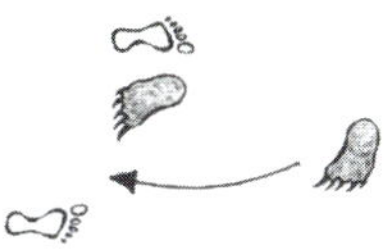

REZEPTE AUS DER HEXENKÜCHE

Meyer & Meyer Verlag

Die Deutsche Bibliothek - CIP Einheitsaufnahme

Sander, Hedda:
Judo : das gesamte Standprogramm von weißgelb bis braun ;
Rezepte aus der Hexenküche / Hedda Sander ; Björn Deling.
- Aachen : Meyer und Meyer, 2000
ISBN 3-89124-591-2

Olten, Wien, Oxford, Québec, Lansing/Michigan,
Findon/Adelaide, Auckland, Johannesburg, Budapest
Titelfoto: Sportfotografie Bongarts, Hamburg
Illustrationen: Hedda Sander, Braunschweig
Umschlaggestaltung: Birgit Engelen, Stolberg
Umschlag- u. Satzbelichtung: frw, Reiner Wahlen, Aachen
Lektorat: Dr. Irmgard Jaeger, Aachen
Satz: Stone
Druck: Burg Verlag Gastinger GmbH, Stolberg
e-mail: verlag@meyer-meyer-sports.com
Printed in Germany
ISBN 3-89124-591-2

INHALTSVERZEICHNIS

INHALTSVERZEICHNIS

Liebe Judokids,

viele von euch haben uns beim Training immer wieder gefragt: *„Wie soll ich das alles bloß behalten? Habt ihr nicht irgendeinen Zettel, auf dem kurz alles steht, was ich für die Gürtelprüfung lernen muss?"*

Nun, nach der **Erneuerung der Judoprüfungsordnung,** haben wir uns gemeinsam hingesetzt und überlegt, wie wir euch einen solchen Zettel fertig machen können. Wir haben über eure vielen verschiedenen Fragen und die häufigsten Fehler nachgedacht und schnell zeigte sich, dass viel mehr dabei herauskommen würde als nur ein Informationszettel zur nächsten Gürtelprüfung. Wir fanden, dass gute Bilder oft mehr aussagen als der beste Text, dass aber Fotografien häufig nicht alle wichtigen Phasen einer Technik erfassen.

Also haben wir für euch alle hier enthaltenen Würfe ausgeführt und auf Video festgehalten. Daraus sind die **Zeichnungen von Hexe und Bär** entstanden, die euch - wie in einem Zeichentrickfilm - nun alle wesentlichen Punkte einer Technik zeigen. TORI (der Werfer) ist dabei immer dunkel, UKE (der Geworfene) immer hell gezeichnet. Besonders wichtige Dinge stehen dazu in den **Spruchblasen** um die Figuren herum.

Und da uns beim Training auch viele Kinder immer wieder gefragt haben, wie sie die Füße für einen Wurf setzen sollen, haben wir für euch bei jeder Technik auch die den Zeichnungen entsprechende **Fußfolge** aufgemalt. Das wird euch beim Erinnern an die einzelnen Würfe helfen.

Eine **ausführliche Beschreibung** begleitet die Bilder, aber als Gedächnisstütze gibt es auch für jede Technik einen kurzen **Merkspruch**, eine Art Zauberformel, die euch vielleicht bei der Prüfung hilft, wenn ihr mal was vergessen habt.

Die zusätzlich zu jeder Technikbeschreibung vorhandenen **Übungsblätter** sollen euch helfen, euer Verständnis für eine Technik zu vertiefen und euch für die Prüfung „fit" zu machen. Wer die darin enthaltenen Aufgaben versteht und locker beantworten kann, sollte später bei Prüfungsfragen keinerlei Schwierigkeiten mehr haben. Anhand dieser Blätter könnt ihr euch später auch Gedanken über die geeignete Fassart, die Voraussetzungen für einen Wurf und mögliche Kombinationen mit weiteren Techniken machen, was euch helfen kann, einen eigenen Wurfkreis zu entwickeln.

VORWORT

Das Buch haben wir so aufgebaut, dass ihr zunächst die **grundlegenden Techniken** (Judorollen, Fassarten, Fassartlösen, Eingänge) darin findet. Beschreibungen von späteren Techniken bauen oft auf diesen Dingen auf und wenn ihr mal was vergessen habt, ist es leicht, dort schnell noch einmal nachzusehen. Es folgen - nach den Anforderungen für die verschiedenen **Gürtelfarben geordnet** - die Würfe, die ihr zur Prüfung kennen müsst. Einzeln werden sie erst beschrieben, und dann folgen die entsprechenden Übungen dazu. Ausschneidebögen, die ihr zum Basteln dabei braucht, sind hinten im Buch zu finden. Die Lösungen stehen im Anhang des Buches - versucht aber erst einmal, die Fragen allein zu lösen. Zuletzt folgt noch eine Auswahl von Würfen, die ihr nicht unbedingt für die Prüfungen braucht, die zu kennen aber ganz sinnvoll ist, da auch sie als erfolgreiche Wettkampftechniken benutzt werden. Es fehlen in diesem Buch die Bodentechniken, die in einem zweiten Band behandelt werden.

So, jetzt wisst ihr genug, um mit dem Lernen beginnen zu können, aber vergesst dabei eines nicht: Judo könnt ihr nur lernen, wenn ihr die Techniken unter Anleitung mit einem geduldigen Partner übt, übt und wieder ***übt***! Das Lesen eines Buches reicht allein nicht aus, um die nötige Gewandtheit zu erwerben, die ihr zur korrekten Ausführung der hier beschriebenen Techniken braucht. Dabei solltet ihr auch immer daran denken, dass ihr die ***Verantwortung*** für euren Partner mit tragt - mit einem plötzlich verletzten Partner könnt ihr schließlich nicht mehr üben! Und wenn ihr einmal eine Frage habt, wendet euch an euren Trainer - er wird euch bestimmt helfen, eure Fragen zu klären.

Viel Spaß beim Lernen wünschen euch

Die kleine Hexe und der kleine Bär

VORWORT FÜR ÜBUNGSLEITER

Das vorliegende Buch entstand nach dem Erscheinen der neuen Prüfungsordnung aus dem Bedürfnis heraus, den Kindern und auch den Eltern genauere Informationen für eine Gürtelprüfung an die Hand zu geben.

Wir wollten die Kinder damit anregen, sich über die Trainingszeiten hinaus mit ihrem Sport auseinander zu setzen, und auf kindgerechte Weise das Verständnis für komplexe Zusammenhänge zu wecken. Für eine solche aktive Mitarbeit bot sich die Form eines **Mit- und Nachmachbuches** zur Vertiefung der im Unterricht erarbeiteten Zusammenhänge und Bewegungsabläufe an. So haben wir zu den verschiedenen vorgestellten Würfen, Eingängen, Fassarten und Falltechniken jeweils **Übungsmaterial auf gesonderten Blättern** zusammengestellt, das diese aktive Form der Auseinandersetzung anregt. Die Übungen sind **altersgerecht** dem jeweiligen erforderlichen Mindestalter laut APO angepasst und von Kindern gut selbstständig zu erarbeiten. Dabei werden sich naturgemäß die jüngeren Kinder eher den Sprechblasen mit den Knotenpunkten in den Comiczeichnungen und den Zauberformeln zuwenden, die Älteren aber zunehmend auch den ausführlicheren Text lesen. Die Würfe wurden dabei von uns für die jüngeren Altersstufen in Feinform dargestellt, um den meist visuell lernenden Kindern auch zu Haus ein Bewegungsvorbild an die Hand zu geben. Im Training und für die Prüfungen der unteren Kyustufen sollte man sich den **konditionellen und koordinativen Fähigkeiten der Kinder entsprechend mit „einer Form von"** oder der „Grobform" einer Technik zunächst begnügen, wie es ja auch die geltende Prüfungsordnung ermöglicht.

Das zusammengestellte Übungsmaterial wurde von uns und mehreren anderen Übungsleitern in etlichen Gruppen über zwei Jahre hinweg **getestet**. Dabei wurden die Übungsmaterialien teils von den Kindern **allein zu Haus** bearbeitet, teils **im Unterricht** in methodische Übungsreihen oder induktive Methoden eingebunden. Zusätzlich wurden den Kindern selbstverständlich Hilfsanweisungen für das Verhalten von UKE gegeben, um Fehler, die von einem ängstlichen und verkrampften Partner ausgehen, weitgehend zu vermindern. Es fiel eine erheblich höhere **Motivation** der Kinder auf, die sich aktiv mit dem Übungsmaterial beschäftigen. Ihre **Beteiligung am Unterricht** war deutlich stärker und in der Folge wurden von ihnen sehr schöne Prüfungen abgelegt.

Wir wünschen den „Rezepten" weiterhin einen solch „bärigen" Erfolg und allen, die es mit einem solchen „verhexten" Mit- und Nachmachbuch versuchen wollen, viel Glück.

Dr. Hedda Sander und Björn Deling

VORWORT FÜR ELTERN

Liebe Eltern,

das vorliegende Buch wird Ihnen vielleicht helfen, sich zu informieren, was Ihr Kind eigentlich im Judounterricht lernt. Bedenken Sie aber auch, dass es **nicht** allein um das Erlernen komplexer Bewegungsabläufe für den nächsten Gürtel geht, sondern auch um die ***Persönlichkeitsentwicklung*** Ihres Kindes. Die erforderliche ***konditionelle und koordinative*** Entwicklung eines Kindes, um bestimmte Techniken in Feinform zeigen zu können, benötigt einige Jahre.

Gleichzeitig lernt Ihr Kind V***erständnis und Rücksichtnahme*** auf einen Partner, mit dem es zum Erlernen der Techniken eng zusammenarbeiten muss. Es lernt aber auch, kleine Erfolge oder Misserfolge in einem „Randori" (einem Übungskampf) unmittelbar zu verarbeiten und später gelassen hinzunehmen. Mit der Bewältigung dieser Aufgaben wird sein ***Selbstbewusstsein*** allmählich gestärkt.

Unterstützen Sie diese Entwicklung, indem Sie sich die Stundeninhalte erzählen und vielleicht anhand dieses Buches auch zeigen lassen, und die Arbeit Ihres Kindes mit den Übungsblättern aufmunternd begleiten.

Viel Spaß bei solchen gemeinsamen Stunden wünschen die Autoren!

FALLTECHNIKEN 1

Falltechniken sind notwendig, um dir das Fallen zu erleichtern, wenn du geworfen wirst. Das kann dir auch außerhalb des Judosports nutzen, wenn du einmal hinfällst! Falltechniken müssen immer wieder geübt werden, bis du das Fallen beidseitig beherrschst und die Bewegungen „wie im Schlaf" ablaufen. Dabei unterscheiden wir die Bewegungsrichtungen rückwärts, vorwärts links, vorwärts rechts und seitwärts.

Zwei Dinge aber haben alle diese Falltechniken gemeinsam:

Erstens das kräftige Abschlagen mit dem gestreckten Arm („versteckter" Ellenbogen, damit du nicht darauf aufschlägst) dicht neben dem Körper, wodurch der Fall abgefedert wird. **Dicht am Körper** (zwei Handbreit daneben) **musst du abschlagen**, um nicht in die Versuchung zu geraten, dich etwa abzustützen, denn das könnte deiner Schulter schlecht bekommen!

Zweitens nimmst du das **Kinn immer auf die Brust**, denn eine Beule am Kopf möchtest du bestimmt nicht haben!

Judorolle rückwärts

Du hockst dich hin und nimmst die Arme gestreckt vor den Körper. Dann lässt du dich einfach nach hinten rollen und schlägst kräftig mit den **gestreckten Armen dicht** neben dem Körper ab. Vergiss nicht, das **Kinn auf die Brust** zu nehmen. Du kannst überrollen, wenn du magst.

Seitwärts fallen

Im Stand nimmst du **Arm und Bein der gleichen Seite gestreckt** vor und sie bleiben während der ganzen Bewegung gestreckt - als wenn sie wie bei einer Marionette mit einem Faden verbunden wären.

Mit der anderen Hand kannst du ans eigene Revers fassen - damit du deine Arme nicht aus Versehen verwechselst! Jetzt lässt du dich fallen, als wenn du auf einer Bananenschale ausrutschen würdest.

Dafür gehst du mit deinem Standbein erst in die Knie und setzt dich dann auf den Po.

Dein Marionettenbein bleibt gestreckt und dein gestreckter Arm schlägt dicht neben dem **seitwärts** gefallenen Körper ab. Vergiss nicht, dein Kinn auf die Brust zu nehmen!

Judorolle vorwärts

Die Judorolle vorwärts musst du **rechts und links üben**, da dich dein Partner ja auch nach vorn rechts und links abwerfen kann, je nachdem, zu welcher Seite er einen Wurf eingedreht hat. Für eine Judorolle links nimmst du das linke Bein vor, dein Kopf wird auf die rechte Schulter gelegt (Ohr zuhalten). Deinen linken Arm nimmst du nach oben, Ellenbogen und kleiner Finger zeigen dabei nach außen. Du machst eine Rolle über diesen runden Arm (kleiner Finger parallel zur Matte). Bleibt er gut rund, schützt das deinen Kopf und deine Schulter. So kannst du dir nicht wehtun. Das hintere (rechte) Bein bleibt gerade und gestreckt (Holzbein), bis du wieder seitlich auf dem Boden liegst. Der Arm an der Holzbeinseite (rechts) **schlägt dabei kräftig dicht** neben dem Körper ab. Vergiss nicht, dein Kinn auf die Brust zu nehmen!

TIPP FÜR ANFÄNGER:

Es geht erst einmal leichter, wenn du das linke Bein vorsetzt, dich bückst und die rechte Hand (Finger zum hinteren Fuß gerichtet) auf dem Boden aufsetzt - deine Hand und die beiden Füße bilden ein Dreieck. Deine linke Hand wandert dann, Finger voraus, zwischen der aufgesetzten Hand und dem vorderen Bein nach hinten durch. Dein kleiner Finger schleift dabei leicht über die Mattenoberfläche. Du machst nun - schwups - eine Rolle nach vorn. Dein hinteres Bein bleibt gestreckt, der lange Arm schlägt auf der gleichen Seite ab.

Freier Fall

Der freie Fall ist eine Erweiterung der Judorolle vorwärts, die du ausprobieren kannst, wenn du die Fallrolle vorwärts schon gut beherrschst. Dabei holt dein Arm mehr Schwung und du machst in der Luft eine **(Flug)rolle** vorwärts, bevor du auf der **Seite liegen** bleibst. Du lässt dein **Bein dabei lang**, nimmst den **Kopf hoch und schlägst kräftig dicht neben deinem Körper mit gestrecktem Arm ab**.

KUMI-KATA

Das Wichtigste beim Judo ist, erst einmal eine Fassart zu bekommen, um den Partner überhaupt werfen zu können. Deshalb dreht sich in einem Wettkampf häufig anfangs alles darum, **als Erster seine Fassart durchzubringen**. Sie ermöglicht es dir, **den Partner zu werfen**, aber auch - und das ist ebenso wichtig - zu **spüren, wie er sich im nächsten Moment bewegen** wird. Einige der gebräuchlichen Fassarten zeigen wir dir hier, andere findest du bei den Würfen demonstriert, für die du sie besonders nutzen kannst.

Nackenreversfassart (rechts)

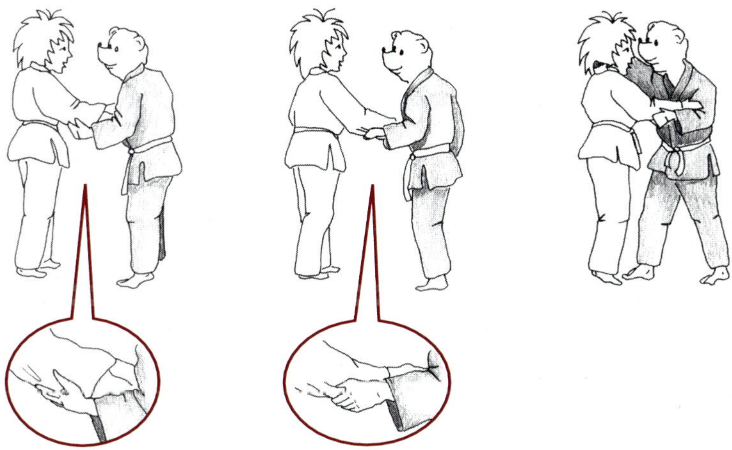

Zunächst greifst du deinen Partner mit der linken Hand am Ärmel. Dabei fasst du zwischen Ellenbogen und Ärmelende um die **Naht**, die unter jedem Ärmel eines Judoanzugs ist. Du raffst so viel Stoff wie möglich zusammen und drehst dann deine Hand mit dem Daumen in den Ärmelstoff. Die **Jacke spannt jetzt eng** um den Arm und ermöglicht dir eine **gute Kontrolle** über die Bewegungen des Partners. Nun ziehst du diesen Arm zu dir heran und greifst mit deiner anderen Hand hinter dem Kopf ins Nackenrevers deines Partners. Bei der ***Reversfassart*** (Revers vor der Brust gefasst) ist es ebenfalls wichtig, eine gute Kontrolle über den Arm des Partners zu haben.

Diagonalfassart

Du stehst in der Rechts- und dein Partner in der Linksauslage, sodass du seinen rechten Arm nicht zu fassen bekommst. Daher greifst du mit deiner linken Hand den Arm deines Partners und ziehst diesen **quer vor deinen Bauch**.

Gleichzeitig greifst du mit deiner rechten Hand **weit über seinen Rücken**. Du ziehst ihn eng heran, sodass dein ganzer Arm **Kontakt** zu seinem Rücken bekommt (Arm anwinkeln und Schulter vor).

Außerdem ziehst du weiterhin mit der linken Hand und **belastest zusätzlich seine Schulter mit deiner eigenen**, damit er sich nicht aufrichten kann. Aus dieser Situation kannst du nun verschiedene Würfe ausführen.

ACHTUNG

Im Wettkampf muss dieser einseitigen Fassart sehr rasch ein Wurfansatz folgen!

Ebenso wichtig, wie eine eigene Fassart zu erarbeiten, ist es, eine dir unangenehme Fassart des Gegners abzuschütteln, um anschließend eine eigene Fassart aufzunehmen. Fassarten löst du am besten mit **kontrollierten, aber explosiven** Bewegungen, die oft von deinem ganzen Körper unterstützt werden. Einige Möglichkeiten, dies effektiv zu erreichen, stellen wir dir hier vor:

FASSART LÖSEN 1

Nackenreversfassart lösen

Dein Partner hat eine starke Nackenreversfassart (hier rechts) durchgebracht. Du **fasst von außen auf seine Schulter und klemmst seinen Arm zwischen Kopf und Schulter ein**. Nun drehst du aus dem Oberkörper heraus und bringst so **Schulter (und Hüfte) explosiv nach vorn**. Die Bewegung wird durch Verlagerung deines Gewichtes nach vorn unterstützt. Nun kannst du mit deinem Arm und deiner Schulter den Griff des Partners sprengen und anschließend versuchen, selbst eine Fassart aufzunehmen.

Armfassart lösen

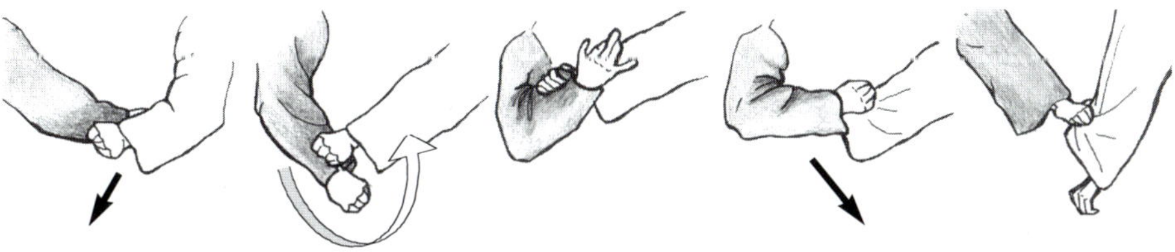

Dein Partner hat dich stark am Ärmel gefasst und versucht, dich dort zu kontrollieren. Durch eine Bewegung deines Arms nach schräg unten ziehst du seinen **Arm in die Länge** und bewegst deine Hand von **innen nach unten-außen und von außen** ***auf*** **den Ärmel deines Partners und fasst zu**. Nun drückst du seinen Arm **explosiv nach unten**, um seinen Griff zu sprengen. Seinen Arm hältst du unter Spannung und schließt einen Wurf an.

Reversfassart lösen

von hinten gesehen:

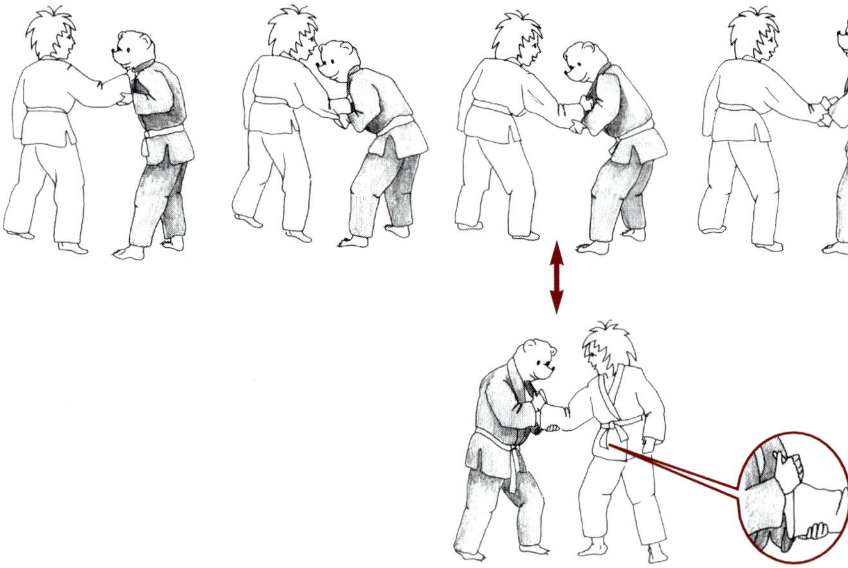

von vorn gesehen:

Ausschnitt: Maus an Maus

Dein Partner hat eine Reversfassart aufgenommen. Du fasst seinen Ärmel von außen an der Naht, sodass seine **Jacke eng** um den Arm spannt. Du ziehst nach unten. Nun greifst du mit der zweiten Hand von innen mit deinem Daumenballen an seinen Daumenballen (Maus an Maus, nicht den Daumen des Partners umfassen). Dein Oberkörper beugt sich leicht vor und du gehst in die Knie.

Nun befreist du dich mit einem **ruckartigen Aufrichten** aus den Beinen heraus. Deine **Hände drücken dabei nach unten** weg, während dein Daumenballen den seinen durch Druck vom Revers löst. Die Hand, die am Arm gefasst hat, drückt gleichzeitig kräftig nach unten. Nun kannst du einen Wurf anschließen.

FUSSSTELLUNGEN

Eingänge (auch Platzwechsel genannt) sind bestimmte Schrittfolgen, mit denen du besonders gut in einen Wurf „hineindrehen" kannst. Je nach Situation wirst du unterschiedliche Eingänge nutzen. Wir haben dir auf den folgenden Seiten einige Grundeingänge zusammengestellt, damit du bei Unsicherheit hier nachschlagen kannst. Es macht aber nichts, wenn du diese Seiten zunächst überschlägst und gleich bei den Würfen beginnst. Bei Bedarf kannst du ja hierher zurückblättern und dich auch mit den entsprechenden Aufgaben beschäftigen.

Zunächst schauen wir uns mögliche Fußstellungen an: Da ist der **Parallelstand** (Fuß neben Fuß), die **Rechtsauslage** (rechter Fuß vor) und die **Linksauslage** (linker Fuß vor).

Entsprechend der **Ausgangssituation** (dein Partner zieht, schiebt, oder Ähnliches) wählst du den für dich passenden Eingang für einen Wurf - welchen du auswählst, ist von den Bewegungen deines Partners und deinem Wurfvorhaben abhängig. Häufig sind verschiedene Eingänge möglich. Zwischen den dargestellten Eingängen gibt es **Misch- und Übergangsformen**. Wenn du die Grundformen der Eingänge später richtig beherrschst, wirst du vielleicht die Schrittfolgen verkürzen, um dich noch schneller einzudrehen, damit der Partner dich nicht kontern kann. Das sind aber Gedanken für Fortgeschrittene - auch die besten Judoka haben zunächst mit den einfachen Eingängen angefangen!

Um den Partner werfen zu können, musst du (während des Einganges) versuchen, möglichst gut **unter seinen Schwerpunkt** zu kommen. Dies kannst du erreichen, indem du in die **„Gummiknie" (Knievorspannung)** gehst, es gibt aber auch die Möglichkeit, eine **leichte Grätsch- oder Schrittstellung** einzunehmen. Hier kannst du je nach Körperbau und Fähigkeit individuell leicht variieren.

PULLING OUT-EINGANG

Der Eingang

Charlie-Chaplin-Schritt

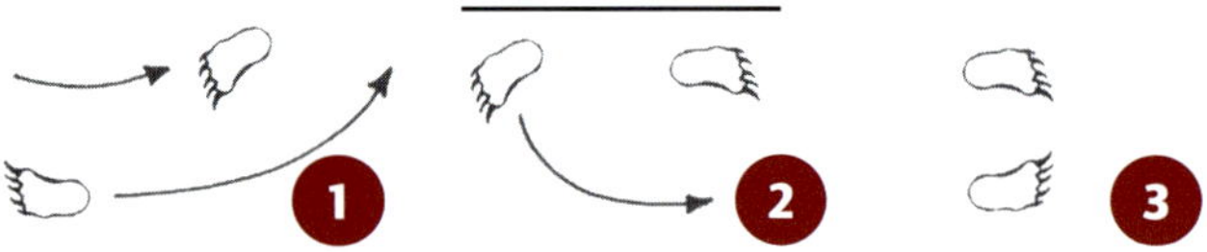

SITUATION:

Partner schiebt stark eigene Rückwärtsbewegung

ZUM MITLESEN:

Du setzt den rechten Fuß zurück und drehst ihn einwärts (Zehen zeigen in Richtung Hacken). Du trittst linksherum (Zehen in Bewegungsrichtung) und gehst tief (Gummiknie). Du stehst nun ein wenig wie ein Clown (Charlie-Chaplin-Schritt). Dabei ziehst du den Partner auf (auf die Uhr schauen), um sein Gleichgewicht zu brechen. Jetzt setzt du noch den rechten Fuß neben den linken Fuß (tief in den Knien bleiben wie in Bild 3).

- **Rechts zurück und einwärts drehen**
- **Charlie-Chaplin-Schritt**
- **Auf die Uhr schauen**
- **Fuß nachziehen**

KODOKAN-EINGANG (rückwärts)

(Kodokan ist das Zentral-Dojo in Tokyo)

Der Eingang

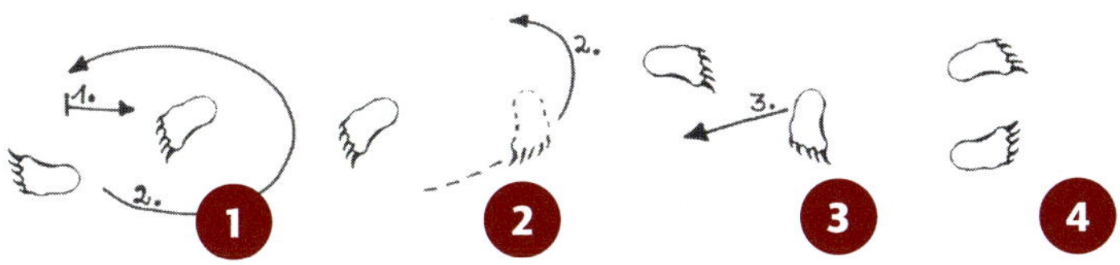

SITUATION:

Partner schiebt leicht oder du ziehst eigene Rückwärtsbewegung

- **Rechts zurück und einwärts drehen**
- **Links im engen Halbkreis nach hinten**
- **Auf die Uhr schauen**
- **Rechts neben links!**

ZUM MITLESEN:

Bei diesem Eingang gleitest du ständig tiefer in die Knie! Du setzt den rechten Fuß zurück und drehst ihn einwärts (Zehen zeigen zum Hacken des anderen Fußes). Deinen linken Fuß setzt du nun im engen Halbkreis nach hinten zwischen die Beine des Partners. Dabei ziehst du ihn stark an, um sein Gleichgewicht zu brechen (auf die Uhr schauen). Jetzt setzt du den rechten Fuß neben den linken Fuß und streckst die Beine zum Wurf (Oberkörper abbeugen).

TIPP FÜR FORTGESCHRITTENE:

Die Phasen 2 und 3 kannst du zu einem Sprung verkürzen.
Du musst dabei mit deinem Po vor den Oberschenkeln des Partners (d.h. unter seinem Schwerpunkt) ankommen.

KODOKAN-EINGANG (vorwärts)

Der Eingang

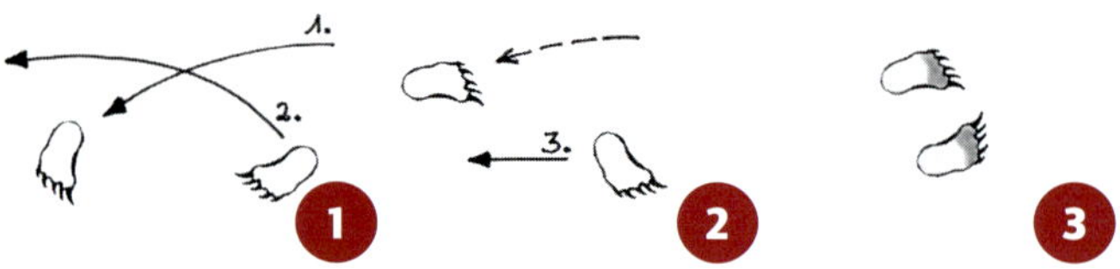

SITUATION:

Partner zieht leicht oder steht

eigene Vorwärtsbewegung oder Stand

ZUM MITLESEN:

Du stemmst den rechten Fuß nach vorn vor den rechten Fuß deines Partners (T-Schritt) und beginnst, den Partner anzureißen (auf die Uhr schauen). Nun pendelst du im engen Halbkreis mit dem linken Fuß zwischen die Beine des Partners. Während dieser Schritte gleitest du stetig tiefer (Gummiknie). Der rechte Fuß wird neben den linken gesetzt. Du musst mit dem Po vor den Oberschenkeln des Partners landen (unter seinen Schwerpunkt kommen).

- **T-Schritt rechts**
- **Links im engen Halbkreis nach hinten**
- **Auf die Uhr schauen**
- **Gummiknie**
- **Rechts neben links**

DIREKTER EINGANG (hier zum TAI OTOSHI)

Der Eingang

SITUATION:

Partner steht oder zieht

eigene Vorwärts- oder Seitwärtsbewegung

ZUM MITLESEN:

Du setzt den linken Fuß vor, indem du den Hacken vorschiebst, tief in die Knie gehst und dein Gewicht auf den vorderen Fuß schiebst. Dabei reißt du den Partner nach vorne an. Nun wird das zweite Bein zum Wurf genutzt (hier zum Beispiel wird es zum TAI OTOSHI durchgeschoben).

- **Links Hacken vor**
- **Gummiknie**
- **Anriss**

KAWAISHI-EINGANG

(Mikinosuke Kawaishi war ein japanischer Judokämpfer, der das europäische Judo prägte)

Der Eingang

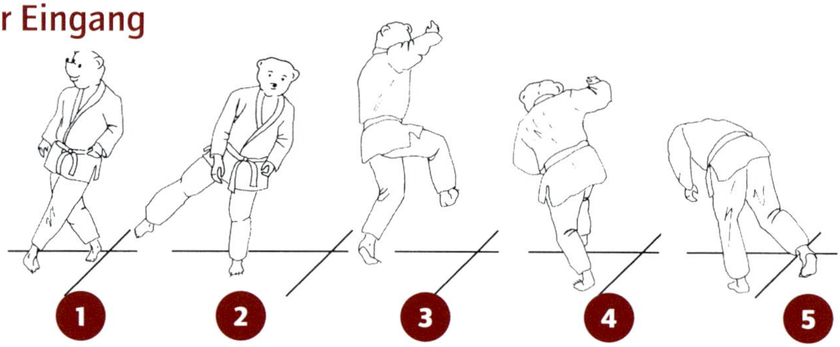

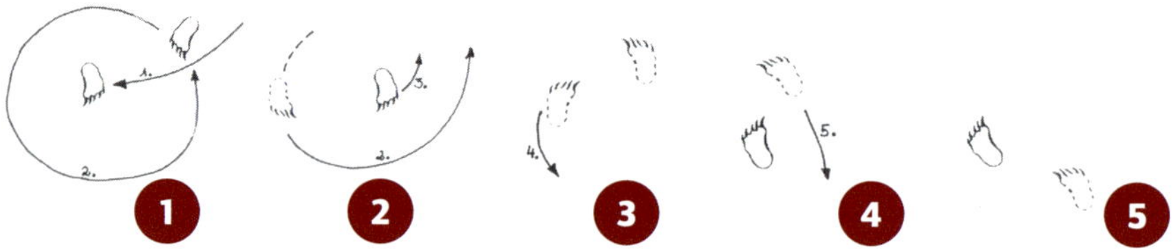

SITUATION:

Partner steht

freie Bewegung

ZUM MITLESEN:

Du setzt den linken Fuß seitwärts über Kreuz vor, sodass deine Zehen zum Partner zeigen, um eine große Spannung in der Hüfte aufzubauen (Tempeltänzerschritt). Mit dem rechten Fuß holst du jetzt in einer weiten Kreisbewegung viel Schwung, um dich vor dem Partner mit einem kleinen Sprung deines Standbeins an ihn heran einzudrehen. Dein Armzug geht dabei schräg nach vorn.

- **Tempeltänzerschritt**
- **Weite Kreisbewegung**
- **Armzug**
- **Sprung an den Partner!**

EINGÄNGE – ÜBUNGEN 1

*(Die folgenden Übungen sind als Ergänzung zu den Würfen gedacht.
Du musst sie also nicht gleich zu Anfang lösen.)*

Aufgabe 1

Hier sind verschiedene Bewegungen vorgegeben. Beschreibe kurz, welche Eingänge sich für die jeweiligen Bewegungen anbieten. Mehrere Antworten sind möglich.

Wenn UKE stark schiebt,	→	**dann** nehme ich ... ______________________
Wenn UKE leicht zieht,	→	**dann** nehme ich ... ______________________
Wenn ich in Rechtsauslage stehe,	→	**dann** nehme ich ... ______________________
Wenn UKE leicht schiebt,	→	**dann** nehme ich ... ______________________
Wenn ich UKE in eine Kreisbewegung ziehe,	→	**dann** nehme ich ... ______________________
Wenn wir uns seitwärts bewegen,	→	**dann** nehme ich ... ______________________

Aufgabe 2

Bei allen Eingängen wird gesagt, dass du dabei tief in die Gummiknie gehen sollst – welche Gründe kannst du dir dafür vorstellen?

____

____

____

Aufgabe 3

Dein kleines Wörterbuch: Was heißt HAJIME, MATE, TORI und UKE auf Deutsch?

HAJIME = ______________ TORI = ______________

MATTE = ______________ UKE = ______________

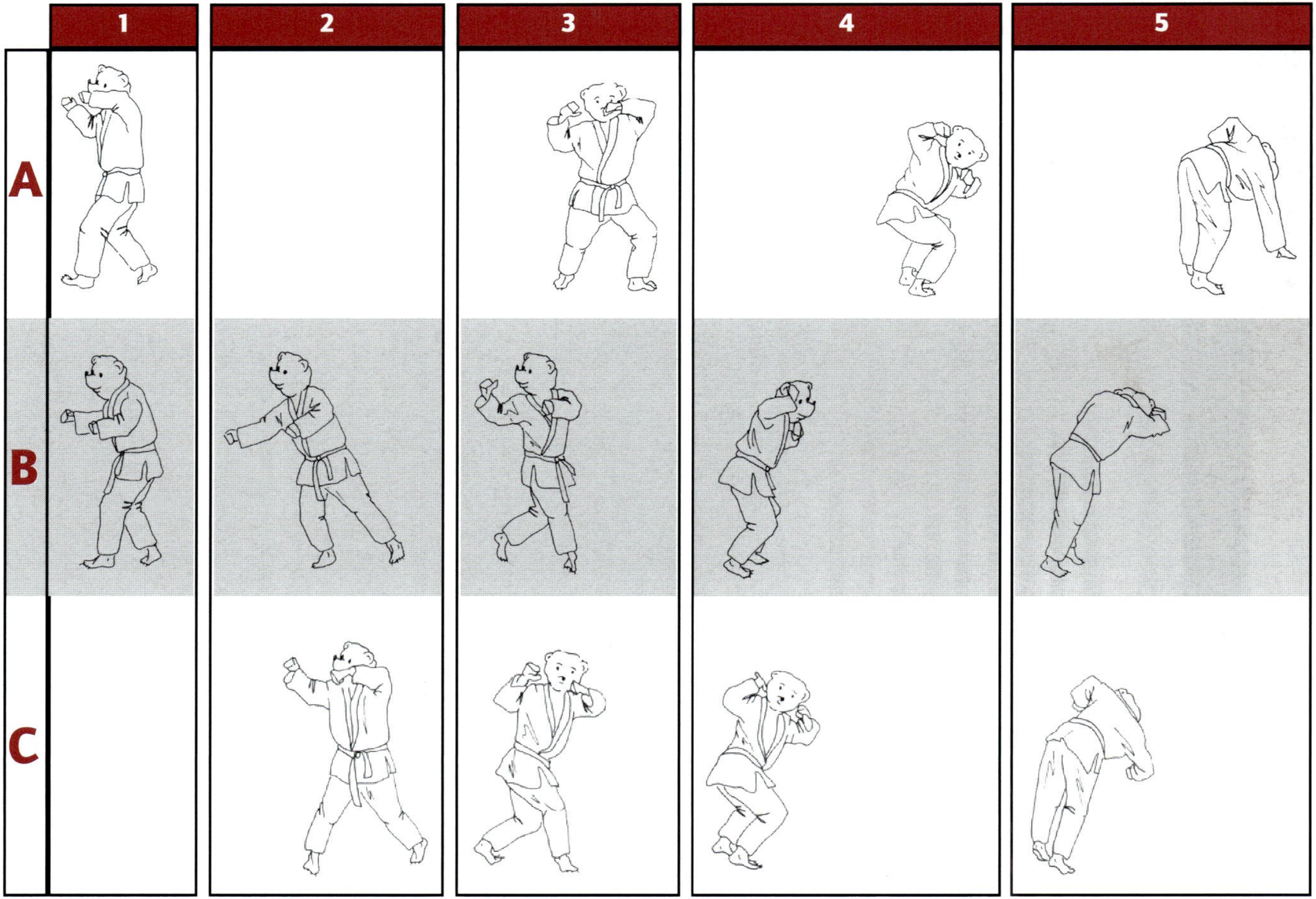
1
2
3
4
5
A
B
C

Aufgabe 4
In dem Schema auf Seite 28 sind drei verschiedene Eingänge dargestellt (A, B, C). Um welche drei Eingänge handelt es sich?

A:

B:

C:

Aufgabe 5
Vergleiche Eingang **B** und **C**. Welche Gemeinsamkeiten fallen dir auf?

Welcher Schritt ist in **B** und **C** **deutlich** unterschiedlich und warum?

Aufgabe 6

In welchen Situationen (Bewegungen von UKE und/oder TORI) werden welche der drei Eingänge **A, B, C** angewendet?

A:

B:

C:

Aufgabe 7

Der KODOKAN-Eingang rückwärts und der PULLING OUT-Eingang werden beide aus der eigenen Rückwärtsbewegung ausgeführt. Die Schnelligkeit dieser Rückwärtsbewegung wird von UKE bestimmt. Sie ist ausschlaggebend für den Eingang, den du von diesen beiden Eingängen auswählst. Wann wählst du welchen Eingang? Begründe, warum!

Aufgabe 8

Stell dir vor, du möchtest einen KOSHI GURUMA werfen. Welche der fünf hier vorgestellten Eingänge kannst du für diesen Wurf nutzen? Wovon machst du deine Entscheidung für den einen oder anderen der fünf Eingänge abhängig?

5. Würfe mit Übungen

5.1 WEIẞGELBGURT
O GOSHI (Großer Hüftwurf)

Der Wurf

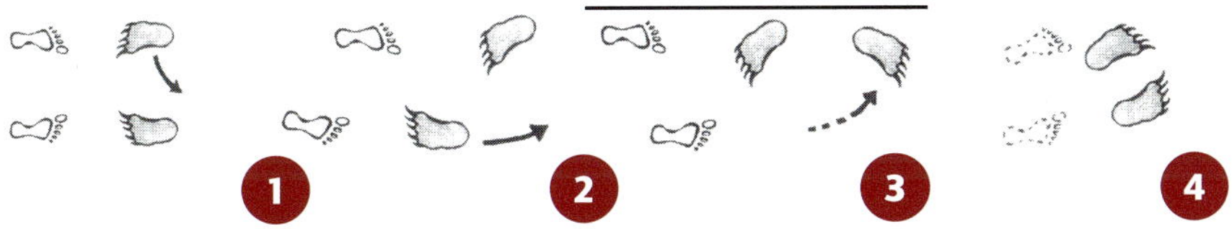

rechts zurück und einwärts drehen ..... Charlie-Chaplin-Schritt .... rechts vor

Rechts zurück und einwärts dreh'n und nun wie Charlie Chaplin steh'n, Hüftgriff dazu, schau auf die Uhr, so wird dein Armzug höher nur, Gummiknie, rechts vor und dreh'n, der Kopf dreht mit, so woll'n wir's seh'n.

ZUM MITLESEN:

Reversfassart rechts, wobei die rechte Hand die Jacke am Revers vor der Brust des Partners fasst. UKE schiebt. Bei diesem Wurf bleibst du immer in den Gummiknien. Als Erstes setzt du den rechten Fuß zurück, sodass dein großer Zeh auf den Hacken des anderen Fußes zeigt. Nun nimmst du den linken Fuß im Charlie-Chaplin-Schritt an die Linie (orientiere dich an den Matten). Dabei ziehst du links mit starkem Armzug den Partner zu dir hin (auf die Uhr schauen!). Mit der rechten Hand fasst du den Partner um die Hüfte. Nun noch den rechten Fuß vor, an die Gummiknie gedacht und du wirfst ihn, indem du ihn mit Armzug über deine Hüfte ziehst und über deine Zughandschulter schaust (Kopf dreht mit!).

5.1 Weißgelbgurt

O GOSHI

Aufgabe 1

Male TORI in den vier Wurfzeichnungen für den O GOSHI farbig aus.

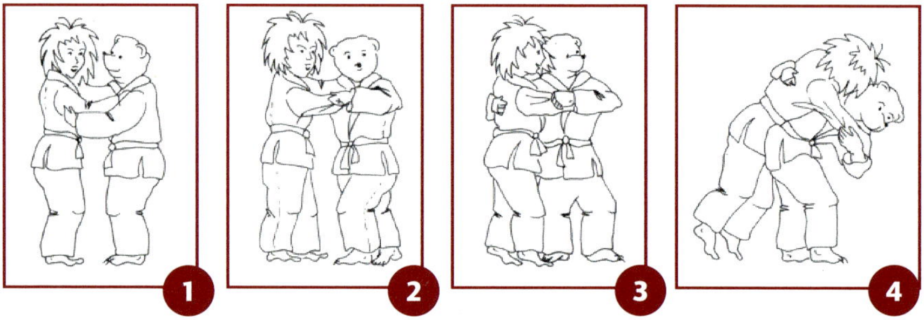

Aufgabe 2

Das ist die Wurfphase **4** des O GOSHI und die Wurfphase **4** eines anderen Wurfes. Vergleiche die beiden sehr ähnlichen Bilder und kreise die Unterschiede ein. Welches Bild stellt den O GOSHI dar – **A** oder **B**? Was musst du in dieser Wurfphase besonders beachten, wenn du O GOSHI wirfst? (denke an die Zauberformel ...)

____

____

____

____

____

____

____

Aufgabe 3

Dein kleines Wörterbuch: Was heißt GOSHI, O, MOKUSO und REI auf Deutsch?

GOSHI = ____________________ REI = ____________________

O = ____________________ MOKUSO = ____________________

O SOTO OTOSHI
(Großer Außensturz)

Der Wurf

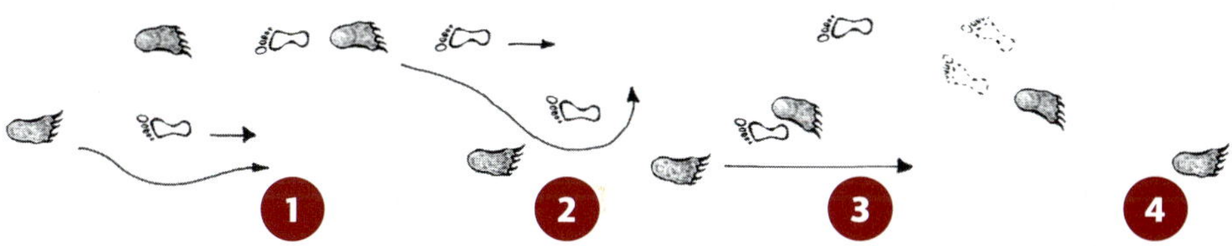

Außen schnell vorbeigezogen, dann gesperrt, gedrückt, geflogen!

ZUM MITLESEN:

Du wirfst diesen Wurf aus der eigenen Vorwärtsbewegung und hier aus der Linksfassart. Natürlich kann man ihn auch aus der Rechtsfassart werfen, wie alle hier dargestellten Würfe beidseitig geübt werden sollten. Mit einem großen Schritt vorwärts überholst du den Partner außen mit dem rechten Bein. Dein linkes Bein (Sperrbein) stellst du außen hinter sein linkes Bein. Dabei biegst du ihn nach hinten um (Schulter an Schulter), indem du deine linke Schulter vorbringst. Du drückst ihn um, bis er fällt, und unterstützt das Umdrücken durch einen großen Ausfallschritt rechts nach vorn. Dein Partner vergisst beim Fallen nicht, das Kinn auf die Brust zu nehmen.

5.1 Weißgelbgurt

O SOTO OTOSHI

Aufgabe 1
Aus welcher Wurfphase stammt der Bildausschnitt?
Was, meinst du, ist in dieser Wurfphase besonders wichtig?

____

____

____

____

Aufgabe 2
Schneide die Bilder unten aus und klebe sie hier in der richtigen Reihenfolge auf!

1	2	3	4

Aufgabe 3
Dein kleines Wörterbuch: Was heißen die folgenden Wörter auf Deutsch?

O = ______________ OTOSHI = ______________

SOTO = ______________ TORI = ______________

SASAE TSURI KOMI ASHI
(Hebezug-Fußstoppen)

Der Wurf

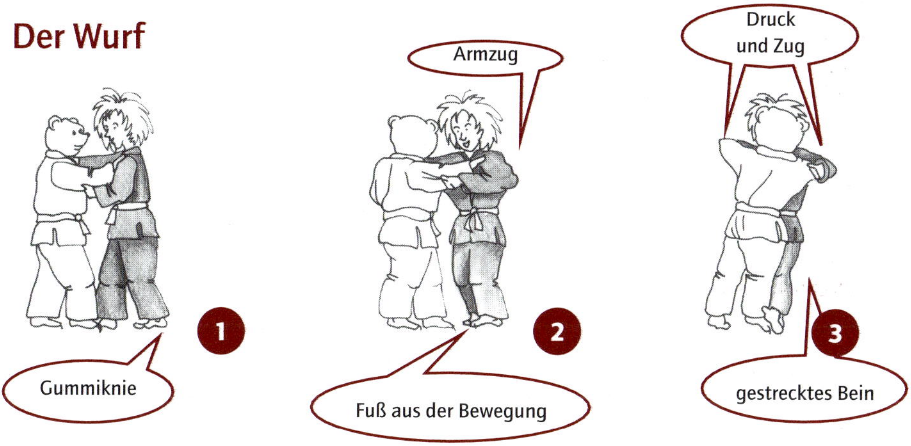

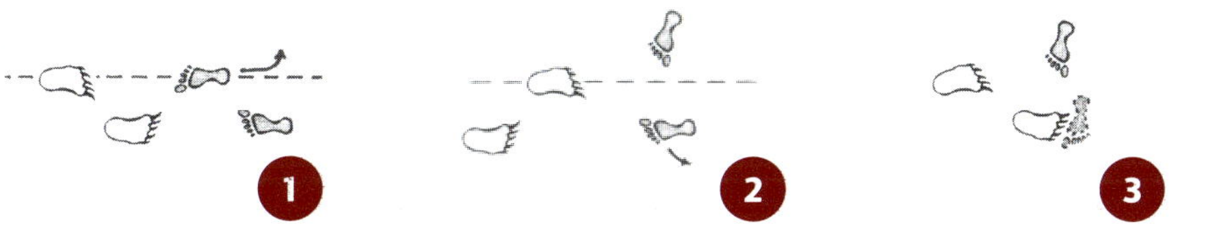

Wie der Torero vor dem Stier zur Seite treten lernst du hier: Dein Arm zieht stark, gestreckt das Bein, und schon fliegt das arme ....

ZUM MITLESEN:

Diesen Wurf wirfst du in der Rechtsfassart aus der Rückwärtsbewegung, wenn dein Partner schiebt. Setze zunächst den linken Fuß gerade zurück.
Dann wird der rechte Fuß aus der Bewegung zur Seite gesetzt. Dabei bleibst du in den Gummiknien und achtest auf einen starken Armzug (auf die Uhr schauen).
Unter starkem Armzug und Druck mit dem anderen Arm wirfst du nun über dein gestrecktes Bein. Dein Partner fällt dorthin, wo du eben noch gestanden hast.

TIPP FÜR FORTGESCHRITTENE:

Versuche diesen Wurf einmal gegen die Fassart zu werfen!

5.1 Weißgelbgurt

SASAE TSURI KOMI ASHI

Aufgabe 1

Schneide die Bilder unten aus und klebe sie hier in der richtigen Reihenfolge auf!

1	2	3
1	2	3

Aufgabe 2

Was musst du alles beachten, wenn du SASAE TSURI KOMI ASHI wirfst? (denke an die Zauberformel ...)

____

____

Aufgabe 3

Vervollständige den folgenden Satz:

Wenn UKE schiebt, **dann** werfe ich ____________________

Aufgabe 4

Dein kleines Wörterbuch: Was heißt SASAE, ASHI und SOTO auf Deutsch?

SASAE = ____________________

ASHI = ____________________

SOTO = ____________________

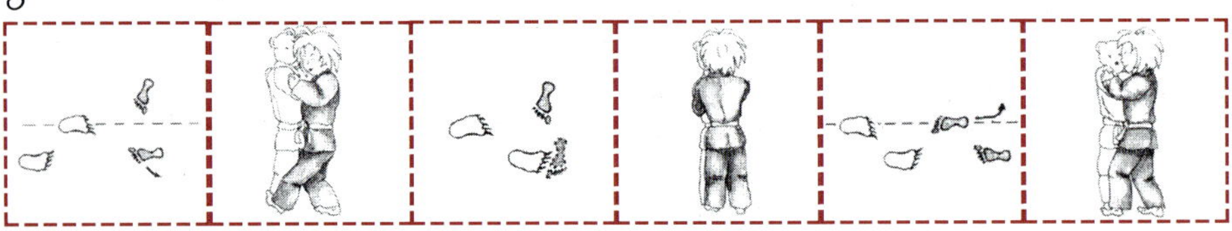

DE ASHI BARAI (rückwärts) (Fußfegen)

Der Wurf

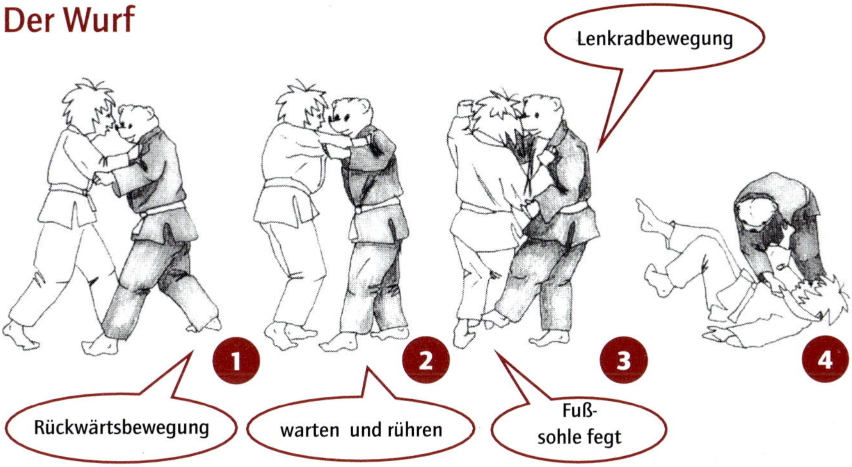

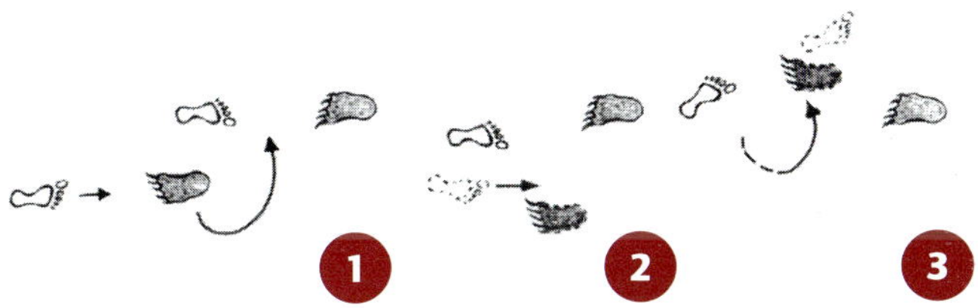

Dein Partner schiebt, zurück gehst du, dein Unterschenkel rührt im Nu, Hüfte vor, lang fegt das Bein, lenk seinen Arm nach innen rein!

ZUM MITLESEN:

Du wirfst diesen Wurf in der Rechtsfassart aus der eigenen Rückwärtsbewegung, dein Partner – hier die kleine Hexe (UKE) – geht vorwärts. Nun wartest du, bis UKEs Fuß vorkommt und fegst mit deiner Fußsohle nach einer kleinen Rührbewegung des Unterschenkels, bevor sie den Fuß wieder aufsetzt. Beim Fegen ist dein Bein gestreckt und die Hüfte kommt mit vor. Gleichzeitig ziehst du mit dem Arm, der am Ärmel des Partners gefasst hat, nach unten und nach innen, während der andere Arm gegendrückt (Lenkradbewegung).

5.1 Weißgelbgurt

DE ASHI BARAI (rückwärts)

Aufgabe 1
Schneide die Bilder unten aus und klebe sie hier in der richtigen Reihenfolge auf!

1	2	3
1	2	3

Aufgabe 2
Was musst du alles beachten, wenn du DE ASHI BARAI wirfst?
(denke an die Zauberformel ...)

____

____

____

Aufgabe 3
Dein kleines Wörterbuch: Was heißt ASHI, BARAI und GOSHI auf Deutsch?

ASHI = ____________________

BARAI = ____________________

GOSHI = ____________________

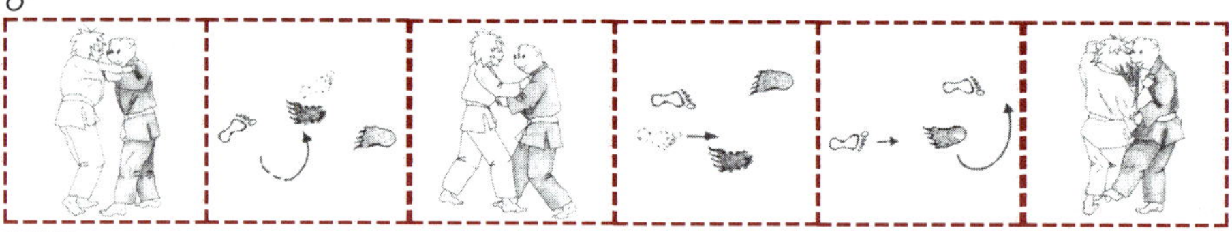

DE ASHI BARAI (vorwärts) (Fußfegen)

Der Wurf

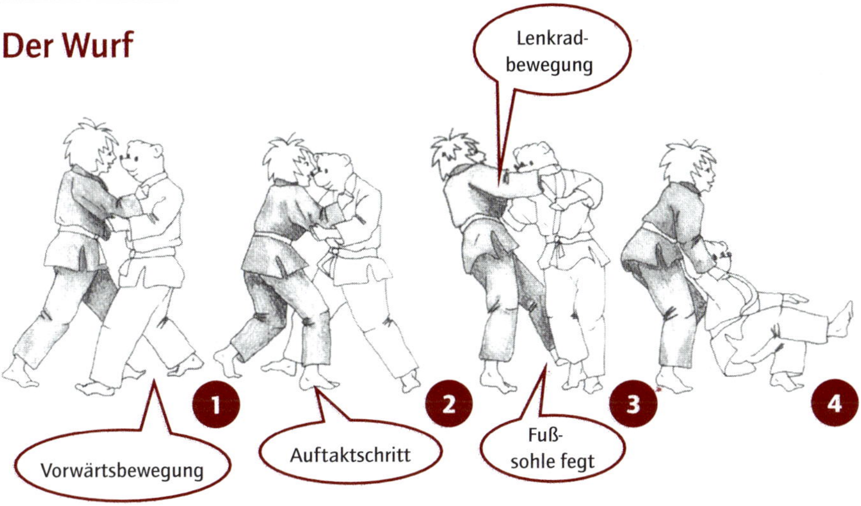

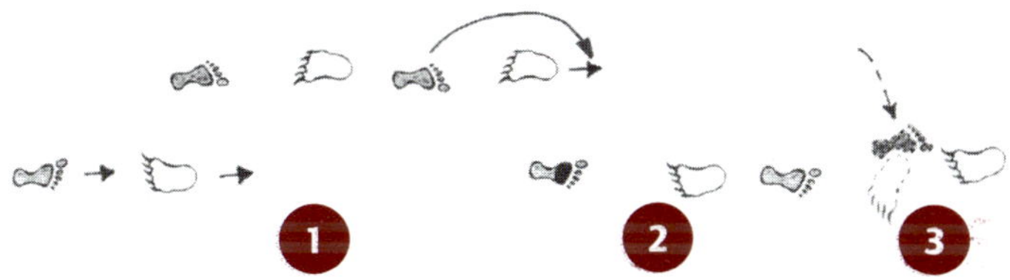

Dein Partner zieht und du gehst mit und fegst sein Bein bei diesem Schritt: Hüfte vor, gestreckt das Bein, zieh seinen Arm nach innen rein!

ZUM MITLESEN:

Du wirfst diesen Wurf aus der Rechtsfassart und aus der eigenen Vorwärtsbewegung, dein Partner – hier der kleine Bär (UKE) – geht rückwärts.
Wenn der kleine Bär nun dazu sein Körpergewicht auf sein hinten stehendes Bein verlagert, fegst du (die kleine Hexe) mit der Fußsohle sein vorn stehendes, wenig belastetes Bein weg.
Beim Fegen ist dein Bein gestreckt und die Hüfte kommt mit vor. Gleichzeitig ziehst du mit dem Arm, der am Ärmel des Partners gefasst hat, nach unten und nach innen.

5.1 Weißgelbgurt

DE ASHI BARAI (vorwärts)

Aufgabe 1
Schneide die Bilder unten aus und klebe sie hier in der richtigen Reihenfolge auf!

1	2	3
1	2	3

Aufgabe 2
Wie unterscheidet sich der hier geworfene DE ASHI BARAI aus der Vorwärtsbewegung von dem DE ASHI BARAI aus der Rückwärtsbewegung, den du bereits kennst? (denke an die Zauberformel ...)

____

____

____

Aufgabe 3
Dein kleines Wörterbuch: Was heißt ASHI, BARAI und UKE auf Deutsch?

ASHI = ____________________

BARAI = ____________________

UKE = ____________________

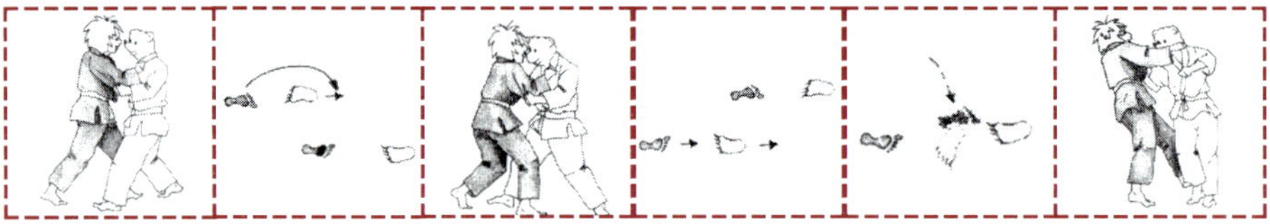

EINE JUDOSAFARI-GESCHICHTE

Warst du schon einmal in einem Safaripark? Das ist ein Zoo, wo nicht die Tiere hinter Gittern sitzen, sondern die Menschen in ihren Autos durch große Freigehege fahren, in denen sich die Tiere frei bewegen können. Da kommt man sich schon manchmal recht klein vor, - was ist, wenn plötzlich ein Elefant sich auf die Kühlerhaube setzt, der Bär seinen Kopf durchs offene Fenster steckt und um einen Apfel bettelt oder gar die Affen sich gemütlich auf der Windschutzscheibe niederlassen und die Scheibenwischer zu verbiegen versuchen? Aber wir können ja Judo. Judo? JA, wie denn? Unser Gegenüber hat keinen Judoanzug an, am Revers kriegen wir den nicht zu fassen. Man müsste ihn bitten können, doch schnell für uns einen Judogi anzuziehen - aber das wird wohl an den Verständigungsschwierigkeiten scheitern ... Ein O SOTO OTOSHI vielleicht mit anschließendem Haltegriff? Aber so besonders gut ist diese Idee vielleicht doch nicht, denn wenn der wendige Affe uns zu fassen kriegt und bei den langen Zähnen ... brrrrr! Oder unser spezieller Lieblingswurf O GOSHI, der uns neulich im Randori so geholfen hat? Aber was, wenn der Kerl einfach auf unserem Rücken kleben bleibt oder auf allen vieren landet? - Da ist es wohl doch besser, im Auto sitzen zu bleiben und laut zu erklären, dass wir die Sache zwar leicht mit einem Judogriff unter Kontrolle bringen könnten, unsere Tierliebe uns aber davon abhält! Das leichte Grinsen unserer Mitfahrer müssen wir dann allerdings gelassen übersehen ...

Viele Tiere haben solche speziellen Fähigkeiten, die wir uns trotz allen Übens nie erwerben werden: die Schnellkraft des Kängurus, die Schläue eines Fuchses, die Geschmeidigkeit der Schlange, den Scharfblick des Adlers, die Kraft des Bären, die Spannkraft des Panthers. Na, sind euch die genannten Tiere schon einmal begegnet? Klar, auf den Abzeichen, die manche eurer Freunde schon auf ihren Judoanzügen tragen, nicht wahr? - Da gibt es das gelbe Känguru, den roten Fuchs, die grüne Schlange, den blauen Adler, den braunen Bären, den schwarzen Panther - sicher, da sind die Gürtelfarben in den Abzeichen zu sehen. Und wie man sie bekommt? Ganz einfach im Training, wenn ihr bei der Judosafari des Deutschen Judo-Bundes oder anderen Aktivitäten mitmacht, um euch fit zu halten - fragt einmal euren Übungsleiter. Ein bisschen Laufen, Springen, Werfen, etwas Zeichnen, Schreiben oder Basteln und ein kleines Judoturnier innerhalb eurer Gruppe reichen schon aus und ihr habt mit dem Abzeichen eine Erinnerung daran, wie viel besser Tiere manches können, was wir erst tüchtig üben müssen ...

Kennt ihr noch mehr Tiere, die Fähigkeiten haben, die wir beim Judo gut brauchen könnten? Dann schreibt sie doch einmal hier auf:

5.2 Gelbgurt

O GOSHI (Kreisbewegung) (Großer Hüftwurf)

Der Wurf

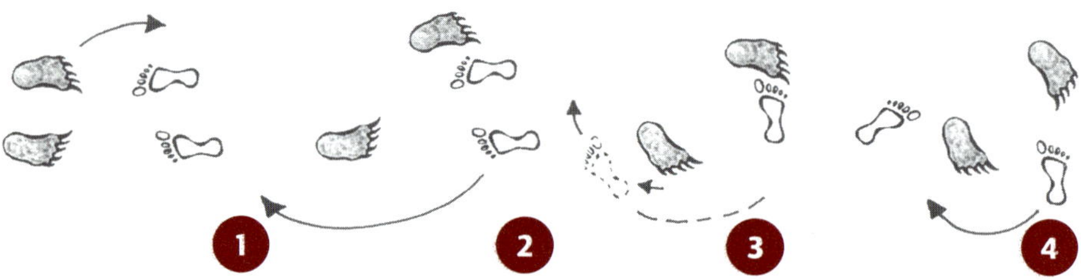

> **Reiß ihn zur Kreisbewegung an, stopp ihn mit deinem Arm sodann, schau auf die Uhr, fass seine Hüfte, heb aus den Knien ihn in die Lüfte!**

ZUM MITLESEN:

Diese Ausführung des Wurfes geschieht aus der Kreisbewegung und Reversfassart. Du setzt den linken Fuß seitlich vor den Partner und reißt ihn mit der Revershand stark in die Kreisbewegung hinein an. Er wird dadurch gezwungen, sich um dich herum in einer Kreisbahn zu bewegen. Diese Kreisbewegung stoppst du, indem du ihn in deinen Arm laufen lässt, mit dem du ihn um die Hüfte fasst.

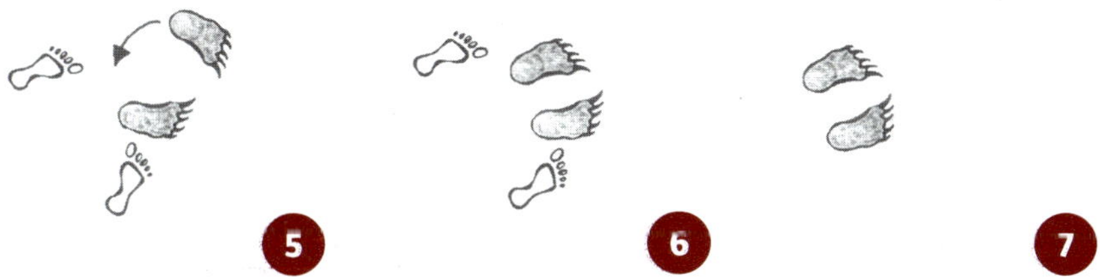

Du reißt ihn mit der linken Hand stark auf (auf die Uhr schauen), während du mit deinem linken Bein in einem kleinen Halbkreis rückwärts trittst. Du gehst dabei tief in die Gummiknie und wirfst ihn unter starkem Armzug durch Abbeugen und Drehen deines Oberkörpers.

5.2 Gelbgurt

O GOSHI (Kreisbewegung)

Aufgabe 1

Schneide die Füße unten aus, ordne sie zur richtigen Fußfolge für die Kreisbewegung und klebe sie auf!

1	2	3	4
5	6	7	

Aufgabe 2

Schneide die Füße unten aus, ordne sie zur richtigen Fußfolge für die Rückwärtsbewegung und klebe sie auf!

1	2	3	4

Aufgabe 3

Dein kleines Wörterbuch: Was heißen die folgenden Wörter auf Deutsch?

GOSHI = ____________________ O = ____________________

SOTO = ____________________ GURUMA = ____________________

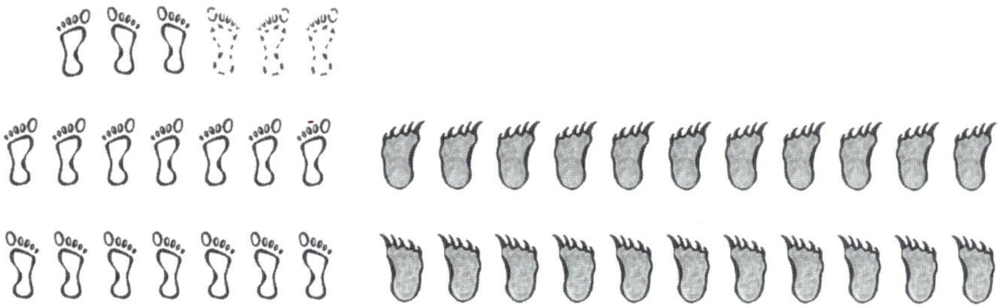

KOSHI GURUMA (Hüftrad)

Der Wurf

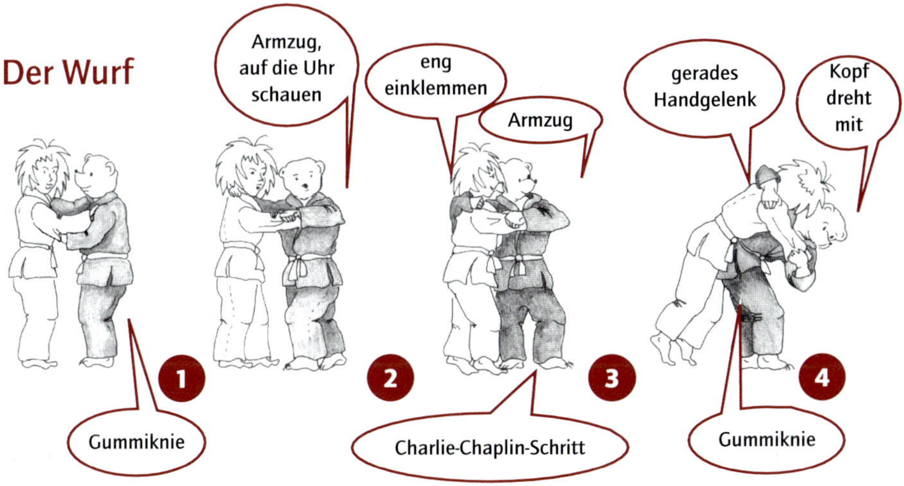

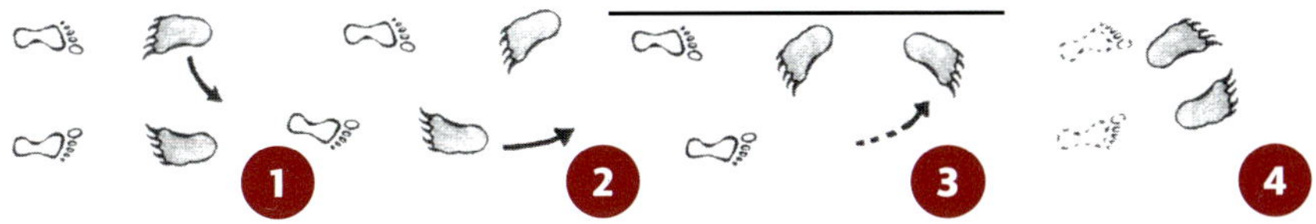

rechts zurück und einwärts drehen .... Charlie-Chaplin-Schritt .... rechts vor

**Rechts zurück und einwärts dreh'n
und nun wie Charlie Chaplin steh'n,
Kopf eingeklemmt, schau auf die Uhr,
so wird dein Armzug höher nur,
Gummiknie, rechts vor und dreh'n,
der Kopf dreht mit, so woll'n wir's seh'n.**

ZUM MITLESEN:

Rechtsfassart, wobei die rechte Hand hinter den Kopf in die Jacke fasst. Bei diesem Wurf bleibst du immer in den Gummiknien.

Als Erstes setzt du den rechten Fuß zurück, sodass dein großer Zeh auf den Hacken des anderen Fußes zeigt. Nun nimmst du den linken Fuß im Charlie-Chaplin-Schritt an die Linie (orientiere dich an den Matten). Dabei ziehst du links mit starkem Armzug den Partner zu dir hin (auf die Uhr schauen!). Mit der rechten Hand klemmst du den Partner eng ein. Nun noch den rechten Fuß vor, an die Gummiknie gedacht und du wirfst ihn, indem du ihn mit Armzug über deine Hüfte ziehst und über deine Zughandschulter schaust (Kopf dreht mit!).

5.2 Gelbgurt

KOSHI GURUMA (Hüftrad)

Aufgabe 1
Male die Fußfolge des PULLING OUT-Eingangs in die vier leeren Kästchen, kennzeichne dabei UKE und TORI.

1	2	3	4

Aufgabe 2
Das sind die Puzzleteile der Wurfphasen **3** und **4**. Schneide sie aus und setze sie in den zwei leeren Kästchen zusammen. Was musst du in diesen beiden Wurfphasen besonders beachten? (denke an die Zauberformel ...)

3	4

Aufgabe 3
Dein kleines Wörterbuch:
Was heißt KOSHI, UCHI und GURUMA auf Deutsch?
Welchen deutschen Spitznamen hat der KOSHI GURUMA?

KOSHI = ____________________ Spitznamen:

UCHI = ____________________ ____________________

GURUMA = ____________________ ____________________

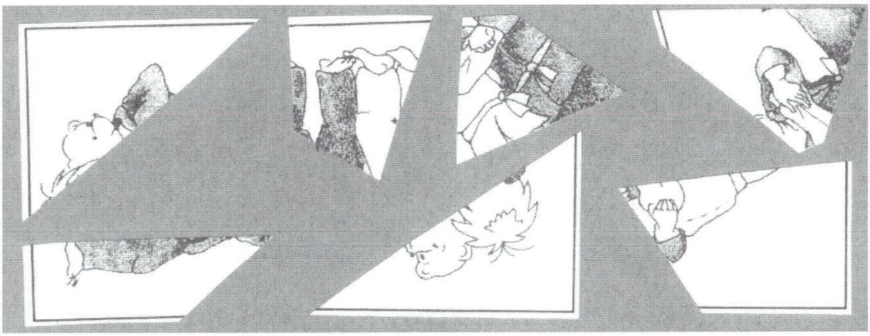

5.2 Gelbgurt

SEOI OTOSHI (Schultersturz)

Der Wurf

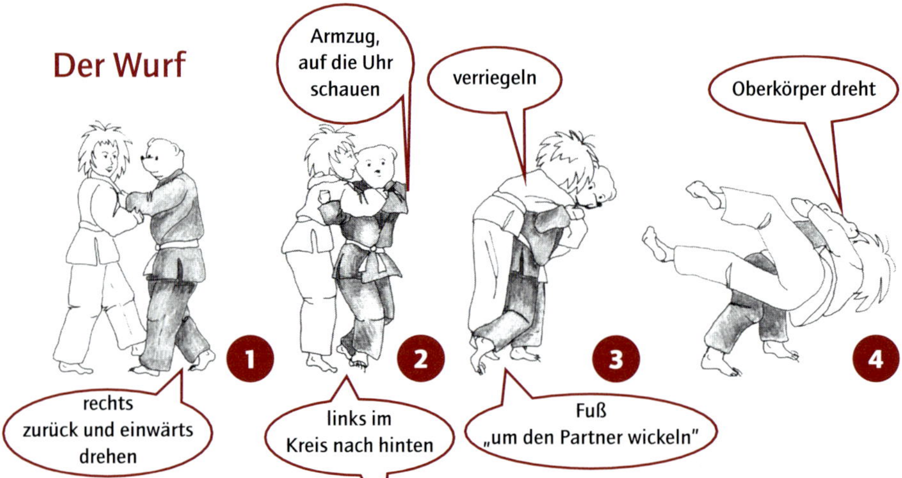

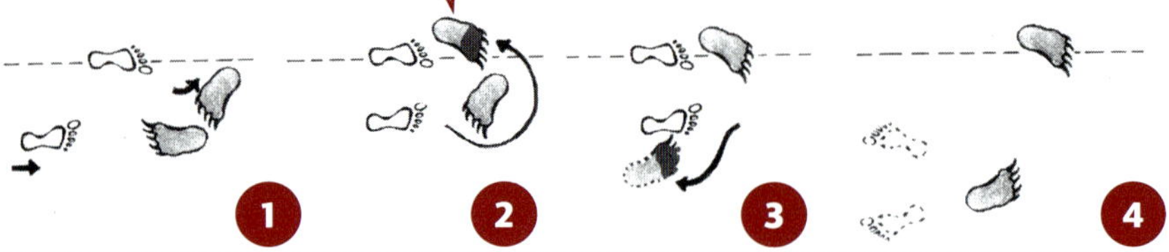

Rechts zurück und einwärts dreh'n und nun im engen Halbkreis geh'n, schnapp – riegle dir den Partner ein, und dicht vor ihm sperrt dann dein Bein. Nun streck dein Bein und starker Zug: Dein Partner hat jetzt freien Flug.

ZUM MITLESEN:

Du wirfst den Wurf in der Linksfassart und aus der Rückwärtsbewegung. Du trittst zurück und drehst den rechten Fuß so einwärts, dass dein großer Zeh zum Hacken des anderen Fußes zeigt. Dann trittst du mit dem anderen Fuß im engen Kreis nach hinten (KODOKAN-Eingang). Dabei ziehst du den Partner am Revers nach vorn (auf die Uhr schauen). Mit dem anderen Arm klemmst du den Oberarm des Partners fest in deine Armbeuge ein (verriegeln). Auf der gleichen Seite setzt du nun deinen Fuß in einem weiten Schritt mit gebeugtem Bein dicht an das Bein deines Partners. Um zu werfen, musst du nun nur noch den starken Armzug beibehalten, deinen Oberkörper drehen (weiter auf die Uhr schauen), abbeugen und dein Sperrbein strecken.

Aufgabe 1
Male die Fußfolge des SEOI OTOSHI in die vier leeren Kästchen und kennzeichne dabei UKE und TORI. Wann setzt TORI nur die **Fußballen** auf?

1	2	3	4

Aufgabe 2
Das sind zwei Ausschnitte der Wurfphasen **2** und **3**. Welche wichtigen Einzelheiten stellen sie dar? Was musst du in dieser Wurfphase besonders beachten? (denke an die Zauberformel ...)

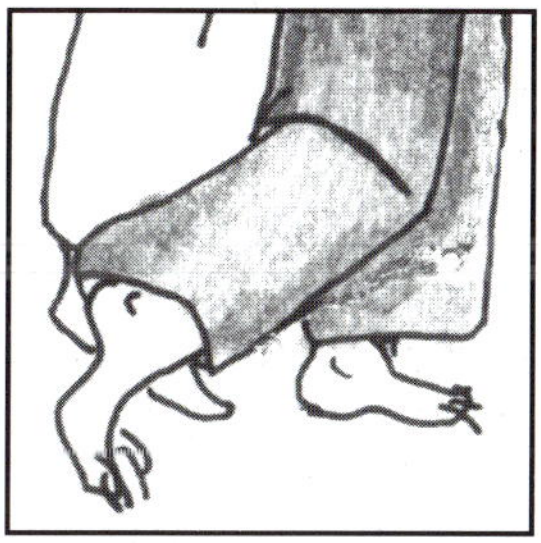

____
____
____
____
____
____
____

Aufgabe 3
Dein kleines Wörterbuch: Was heißt SEOI, GOSHI und OTOSHI auf Deutsch? Welchen deutschen Namen hat der SEOI OTOSHI?

SEOI = ______________________
GOSHI = ______________________
OTOSHI = ______________________

deutscher Name:
____
____

5.2 Gelbgurt

KO UCHI GARI (Kleine Innensichel)

Der Wurf

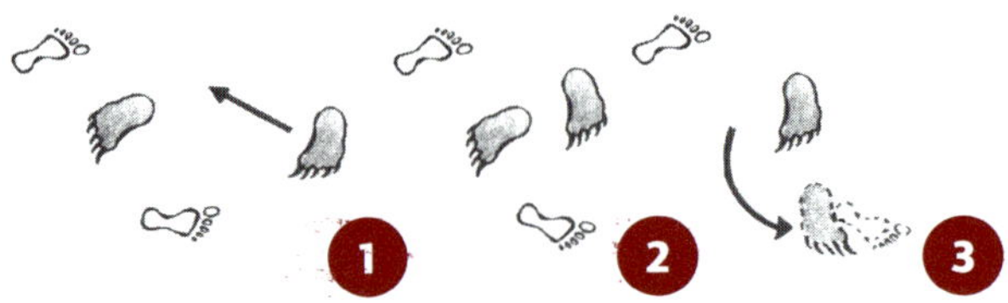

**Reiß deinen Partner kräftig an und zieh den hinteren Fuß heran.
Die Sohle sichelt, lang das Bein, und drück ihn in die Matte rein.**

ZUM MITLESEN:

Rechtsfassart. Du stehst mit deinem rechten Fuß etwas weiter vorn (Rechtsauslage) und ziehst deinen Partner stark zu dir hin (Anriss). Wenn er reagiert und sich dagegen stemmt, dann ziehst du deinen hinteren Fuß heran und gehst in die Gummiknie. Dein vorderer Fuß sichelt nun von innen mit der Fußsohle das vordere Bein deines Partners weg. Deine Arme drücken ihn dabei nach unten.

Vergiss nicht, ihn freundlich lächelnd in einen Haltegriff zu nehmen.

KO UCHI GARI (Kleine Innensichel)

Aufgabe 1
Beschreibe kurz, wie dein Partner auf deinen Anriss (nicht) reagiert und was du **dann** machst. Folge den Pfeilen.

Du reißt deinen Partner stark an.

Wenn er ... ____________________

Dann ... ____________________ ____________________

Wenn er nicht .... ____________________

Dann ... ____________________ ____________________

Anschließend machst du einen ____________________

Aufgabe 2
Auf den beiden Bildern sind zwei Einzelheiten des KO UCHI GARI dargestellt. Zu welchen Wurfphasen gehören die Bilder? Was musst du in diesen beiden Wurfphasen besonders beachten? (denke an die Zauberformel ...)

____
____
____
____
____
____
____

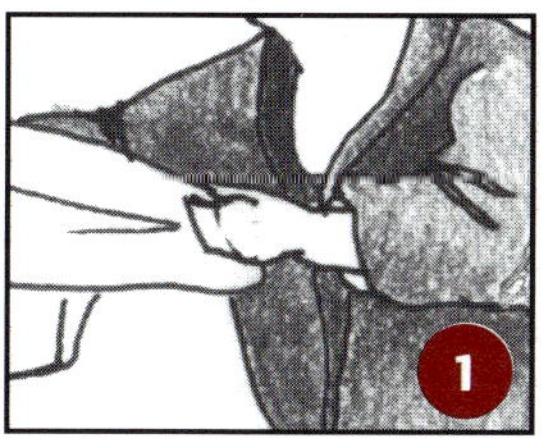

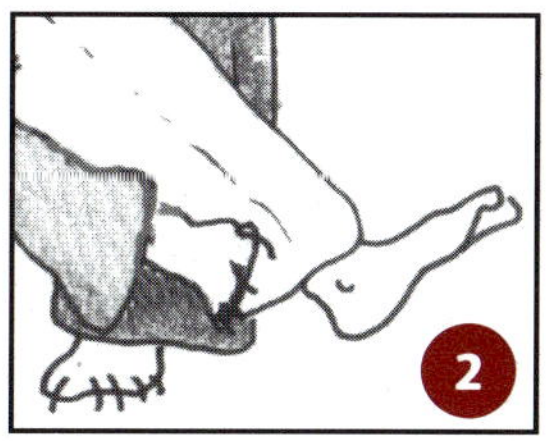

Aufgabe 3
Dein kleines Wörterbuch: Was heißt KO, O, SOTO, UCHI und GARI auf Deutsch?

O = ____________________
UCHI = ____________________
GARI = ____________________
KO = ____________________
SOTO = ____________________

5.2 Gelbgurt

O UCHI GARI (Große Innensichel)

Der Wurf

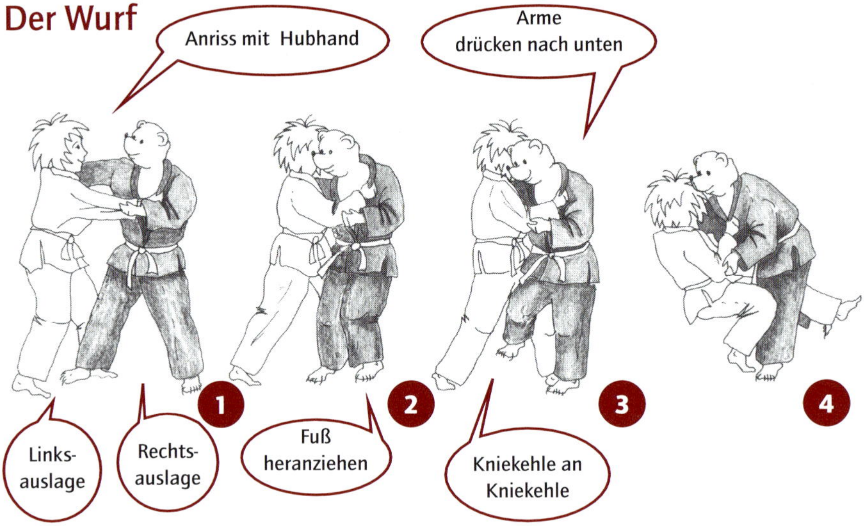

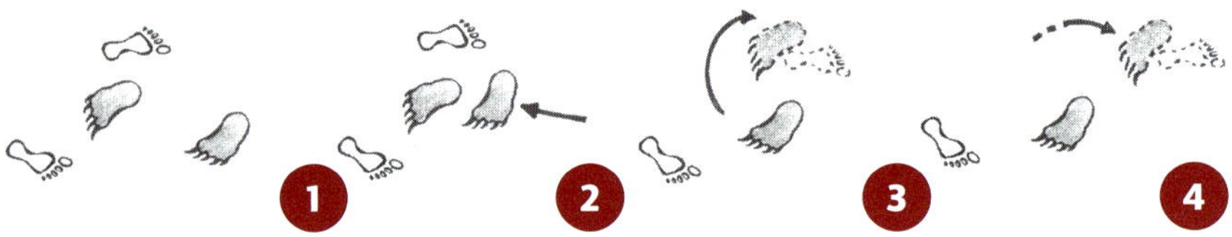

Dein Anriss bringt den Partner schon zur starken Rückwärtsreaktion. Dann hol heran den hint'ren Fuß, jetzt sicheln, Armdruck folgt zum Schluss.

ZUM MITLESEN:

Rechtsfassart. Du stehst in der Rechtsauslage, dein Partner in der Linksauslage (linker Fuß vor). Wenn dein Partner auf deinen starken Anriss nach hinten reagiert, dann ziehst du den hinteren Fuß an deinen vorderen Fuß heran.

Nun sichelst du im Halbkreis mit deinem vorderen Bein sein vorne stehendes Bein weg (Kniekehle an Kniekehle!). Dabei drücken deine Arme in Richtung des gesichelten Beines nach unten.

5.2 Gelbgurt

Aufgabe 1

Beschreibe kurz, wie dein Partner auf deinen Anriss (nicht) reagiert und was du **dann** machst. Folge den Pfeilen.

Du reißt deinen Partner stark an.

Wenn er ... ______________________

Dann ... ______________________ ______________________

Wenn er nicht .... ______________________

Dann ... ______________________ ______________________

Anschließend machst du einen ______________________

Aufgabe 2

Auf den Bildern sind Wurfphasen von KO UCHI GARI und O UCHI GARI dargestellt. Welche Bilder gehören zu welchem Wurf? Bei welcher Ausgangssituation wendest du O UCHI GARI an und warum?

____

____

____

____

____

Aufgabe 3

Dein kleines Wörterbuch: Was heißt KO, O, UCHI und GURUMA auf Deutsch?

O = ______________________

KO = ______________________

UCHI = ______________________

GURUMA = ______________________

5.2 Gelbgurt

Siegen durch Nachgeben

Es lebte einmal vor vielen vielen hundert Jahren ein kleiner Junge namens Wun weit weg von hier in Asien. Er lebte wie ihr und viele andere Kinder auf der Welt es auch tun: Er ging zur Schule, er raufte sich, er spielte mit seinen Freunden, er machte Streiche.

Das Leben hätte herrlich für ihn sein können, wenn – ja, wenn er nicht so klein gewesen wäre. Immer war er der Kleinste und Leichteste und zog bei Kampfspielen in seiner Klosterschule und bei Balgereien mit anderen immer den Kürzeren. Er hatte schon alles versucht: Er hatte mittags und abends die doppelte Menge Reis und Gemüse gefuttert, er hatte alle möglichen Übungen gemacht – es half nichts.

Da geriet er eines Tages auf dem Weg von der Schule nach Hause in einen Sturm, einen Taifun, wie sie in Asien häufiger vorkommen. Abgerissene Äste wirbelten durch die Luft und krachten ihm um die Ohren.

Er versteckte sich, um nicht vom Wind umgedrückt zu werden. Zusammengekauert beobachtete er, wie große Bäume von der Gewalt der Windstöße entwurzelt wurden und einfach umfielen. Aber er sah inmitten der großen, umgebrochenen Bäume auch ein kleines, junges Bäumchen, das sich unter der Gewalt des Sturmes flach und geschmeidig auf den Boden schmiegte und wieder aufrichtete, wenn der Wind nachließ. Sobald er konnte, floh er vor dem Sturm nach Hause in die Hütte seiner Eltern.

Am nächsten Morgen strahlte die Sonne vom Himmel. Nichts erinnerte Wun auf seinem Weg zur Schule mehr an den Sturm außer die vielen umgebrochenen Bäume um ihn herum. Auch das kleine Bäumchen sah er wieder: Ein wenig zerzaust und angegriffen sah es aus, aber sonst stand es heil und gerade in der Verwüstung rings umher, als ob es den großen Sturm vom Vortag nie gegeben hätte.

An dies Bäumchen musste Wun denken, als im Sportunterricht in der Schule wieder Kampfspiele ausgetragen wurden. Wieder bekam der kleine Wun wie gewöhnlich einen viel stärkeren und größeren Gegner, aber dieses Mal stemmte er sich nicht wie sonst vergebens gegen die Kraft des anderen.

Als sein Gegner ihn überlegen lächelnd auf den Boden drücken wollte, da – gab er einfach nach. Der Größere stolperte, verlor die Balance und fiel durch seine eigene Kraft: Der kleine Wun hatte seinen ersten Kampf gewonnen.

5.2 Gelbgurt

Die ist eine alte Geschichte über die Entstehung von JUDO (japanisch JU = sanftes Nachgeben und japanisch DO = Weg), dem „sanften Weg" zum Erfolg.

Denke einmal darüber nach und überlege, welche Techniken **DU** an Wuns Stelle hättest nutzen können. Du hast ja nun schon einige Würfe erlernt - welche würdest du einsetzen, wenn dein Gegner dich stark schiebt? Kannst du sie auch links werfen?

5.3 Gelborangegurt

IPPON SEOI NAGE
(Punkt – Schulterwurf)

Der Wurf

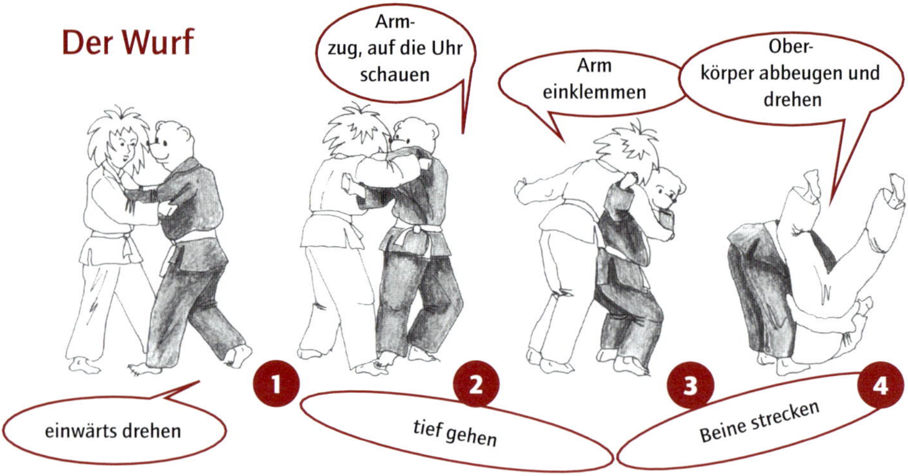

Rechts zurück und einwärts drehen und dann ständig tiefer gehen. Doch bleibt dein Anriss dabei hoch, den Arm verriegeln fehlt dir noch. Nun beug dich vorwärts, bis er schwebt und schließlich auf der Matte klebt.

ZUM MITLESEN:

Linksfassart. Du gehst rechts zurück und drehst den Fuß dabei einwärts. Dann ziehst du den Partner stark am Revers zu dir hin (auf die Uhr schauen und hoch aufziehen!). Gleichzeitig setzt du deinen linken Fuß im Halbkreis nach hinten und gehst dabei tief in die Knie, bis dein Po die Oberschenkel des Partners berührt. Dabei klemmst du den Oberarm deines Partners fest in deine Armbeuge ein (verriegeln).

Vergiss nicht, weiter nach vorn zu ziehen!
Du wirfst ihn durch Abbeugen des Oberkörpers und Strecken der Beine.

5.3 Gelborangegurt

Aufgabe 1

Erkläre kurz, welche Bewegung von TORI durch die Kurve beschrieben wird.

____

____

____

____

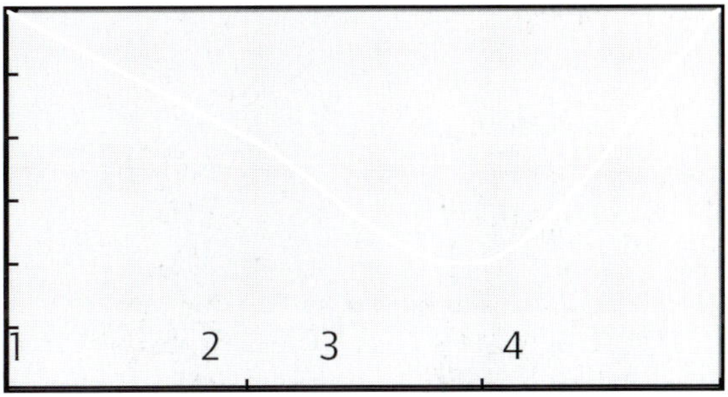

Aufgabe 2

Zu welchen Würfen gehören die Bilder 1 und 2? Beschreibe kurz die Einzelheiten, die ähnlich sind, und dann die Unterschiede.

____

____

____

Aufgabe 3

Dein kleines Wörterbuch: Was heißt NAGE, GARI, OTOSHI und SEOI auf Deutsch?

NAGE = ______________________ GARI – ______________________

SEOI = ______________________ OTOSHI = ______________________

Aufgabe 4

Welche Phase des IPPON SEOI NAGE steckt hinter diesen Puzzleteilen?

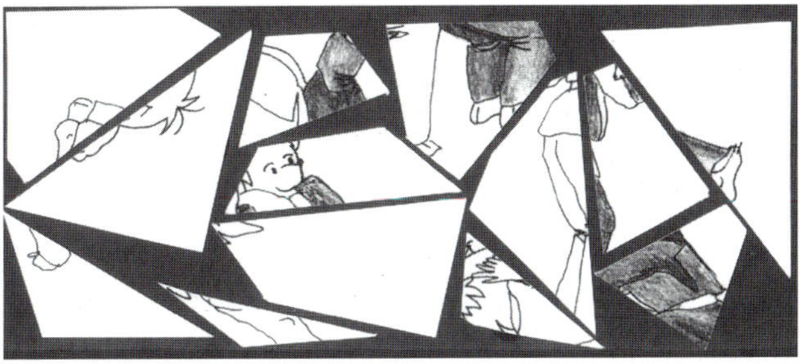

5.3 Gelborangegurt

TSURI KOMI GOSHI
(Hebezug – Hüftwurf)

Der Wurf

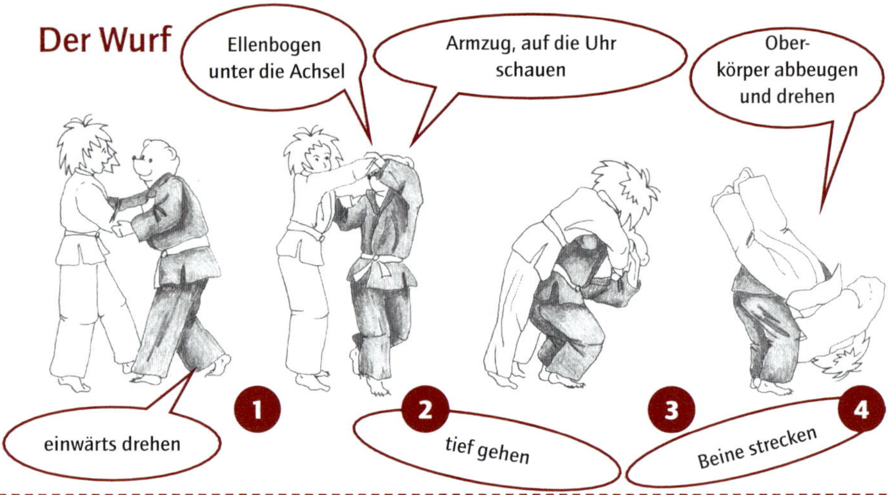

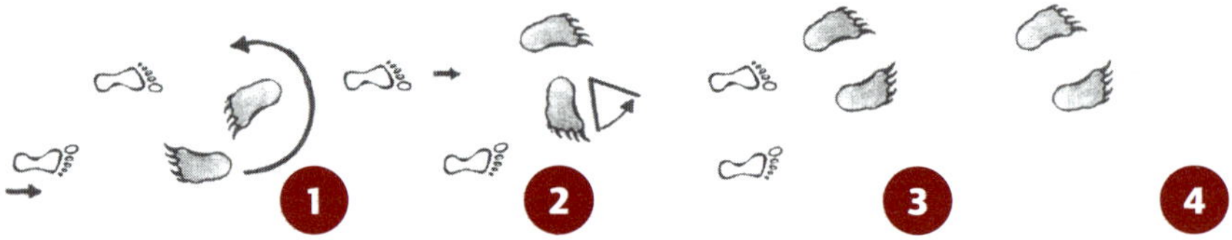

> **Tief in die Gummiknie gleiten und hoch den Armzug vorbereiten. Revershand hebt den Partner an, Ellenbogen drückt die Achsel dann, nun beuge ab, damit er fliegt und endlich auf der Matte liegt.**

ZUM MITLESEN:

Rechtsfassart (am Revers). Du gehst mit dem rechten Fuß zurück und drehst ihn einwärts. Wenn du jetzt den anderen Fuß im Halbkreis herumsetzt und dabei tief in die Gummiknie gleitest, ziehst du den Arm des Partners im Bogen hoch nach außen auf (auf die Uhr schauen).

Mit deiner Revershand ziehst du dabei den Partner an und hebst ihn, indem du deinen Ellenbogen unter die Achsel des Partners drückst (Achtung: stabiles Handgelenk behalten!). Du wirfst durch Abbeugen des Oberkörpers und gleichzeitig drückst du mit dem Ellenbogen weiter unter die Achsel und ziehst mit der anderen Hand.

5.3 Gelborangegurt

Aufgabe 1

Aus welcher Wurfphase stammt der Bildausschnitt?
Beschreibe kurz, was du siehst.

____

____

____

____

Aufgabe 2

Du wirfst einen TSURI KOMI GOSHI. Beschreibe, wie du deinen rechten und linken Arm dabei einsetzt.

____

____

____

____

____

____

Aufgabe 3

Zu welchen Würfen gehören die Bilder **1** und **2**? Beschreibe kurz die Einzelheiten, die ähnlich sind, und dann die Unterschiede.

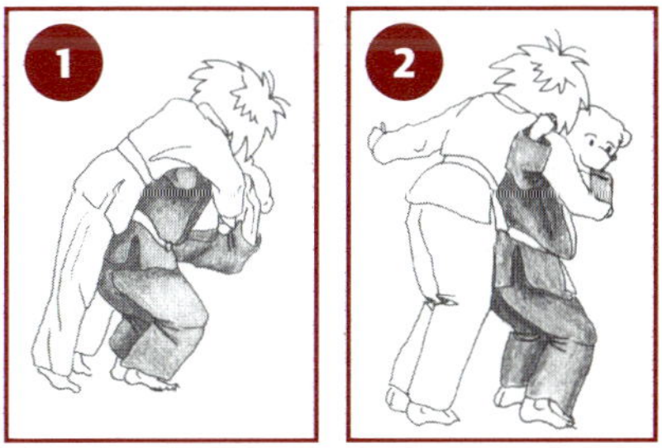

____

____

____

____

Aufgabe 4

Dein kleines Wörterbuch: Was heißt IPPON, TSURI, GOSHI und UKE auf Deutsch?

IPPON = ____________________ TSURI = ____________________

GOSHI = ____________________ UKE = ____________________

5.3 Gelborangegurt

TAI OTOSHI (Körpersturz)

Der Wurf

ZUM MITLESEN:

Achtung:

Um einen ungewollten Beinhebel zu vermeiden, muss dein Knie unterhalb von Ukes Knie sein.

Hinten kreuzen, angezogen, schiebe mit dem Ellenbogen, Sperrbein an den Partner dicht – zum Wurf muss dorthin dein Gewicht!

Rechtsauslage oder Rückwärtsbewegung und Rechtsfassart. Mit einem starken, bogenförmigen Armzug (auf die Uhr schauen) reißt du den Partner an. Gleichzeitig schwingst du dein hinteres Bein im engen Halbkreis herum (hinten kreuzen). Deine Revershand zieht den Partner an und hebt ihn, wobei dein Ellenbogen unter die Achsel des Partners drückt. Während du den starken Armzug beibehältst, schiebt sich dein gut gebeugtes Sperrbein eng am Bein des Partners entlang weit nach hinten. Das Knie zeigt dabei nach unten und du setzt nur deinen Fußballen auf (Achtung: Oberkörper nicht seitlich abknicken, damit du später dein Gewicht auf dein Sperrbein bringen kannst!). Du wirfst ihn nun, indem du mit dem Ellenbogen deiner Revershand in die Schulter des Partners schiebst, mit der anderen Hand weiter ziehst und schließlich dein Sperrbein streckst.

Aufgabe 1

Aus welchem Wurf stammt der Bildausschnitt? Beschreibe kurz, was du siehst. Was hat die gezeichnete Bewegung in diesem Wurf für Ähnlichkeiten mit dem TAI OTOSHI?

____

____

____

____

Aufgabe 2

Zu welchen Würfen gehören die Bilder 1 und 2? Beschreibe kurz die Einzelheiten, die ähnlich sind, und dann die Unterschiede.

____

____

____

Aufgabe 3

Zu welchen Würfen gehören die Bilder 1 und 2? Beschreibe kurz die Einzelheiten, die ähnlich sind, und dann die Unterschiede.

____

____

____

____

Aufgabe 4

Dein kleines Wörterbuch: Was heißt TAI, SEOI, OTOSHI und GURUMA auf Deutsch?

TAI = ____________________ SEOI = ____________________

GURUMA = ____________________ OTOSHI = ____________________

5.3 Gelborangegurt

TAI OTOSHI
(Körpersturz mit direktem Eingang)

Der Wurf

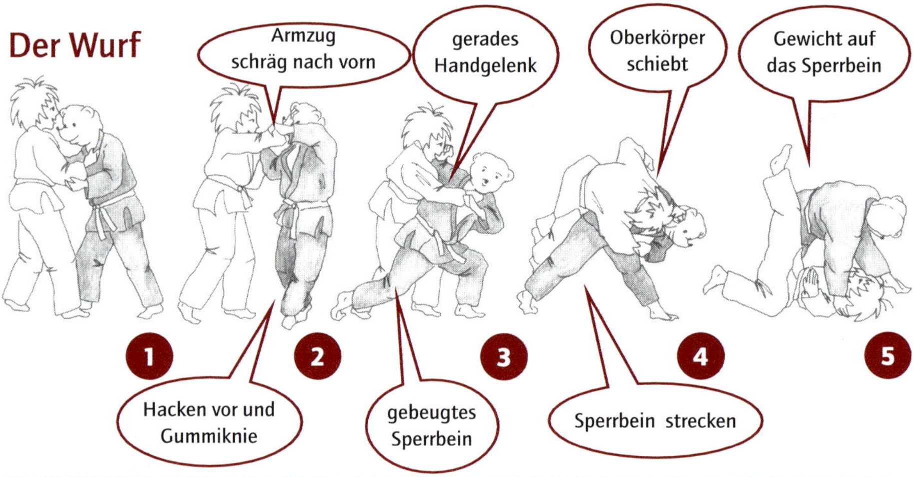

Vorne kreuzen, angezogen, schiebe mit dem Ellenbogen, Sperrbein an den Partner dicht – zum Wurf muss dorthin dein Gewicht.

ZUM MITLESEN:

Rechtsauslage und Rechtsfassart. Wenn UKE den Fuß zurücksetzt, dann reißt du den Partner mit einem starken, bogenförmigen Armzug (auf die Uhr schauen) an. Gleichzeitig schiebst du deinen linken Fuß mit der Innenseite nach vorn (Hacken vor und Gummiknie, siehe direkter Eingang). Deine Revershand zieht den Partner an und hebt ihn, wobei dein Ellenbogen unter die Achsel des Partners drückt. Während du den starken Armzug beibehältst, schiebt sich dein gut gebeugtes Sperrbein eng am Bein des Partners entlang weit nach hinten. Das Knie zeigt dabei nach unten und du setzt nur deinen Fußballen auf (Achtung: Oberkörper nicht seitlich abknicken, damit du später dein Gewicht auf dein Sperrbein bringen kannst!). Du wirfst ihn nun, indem du mit dem Ellenbogen deiner Revershand in die Schulter des Partners schiebst, mit der anderen Hand weiter ziehst und schließlich dein Sperrbein streckst.

Aufgabe 1
In welche Richtung wird beim TAI OTOSHI das Gleichgewicht gebrochen? Wohin ziehst du mit deiner Zughand auf?

Aufgabe 2
Aus welchen Würfen stammen die Bilder 1 und 2? Welche Gemeinsamkeiten gibt es?

Aufgabe 3
Dein Partner steht in Rechtsauslage. Zeichne die Richtungen, in die du ihn dann leicht werfen kannst. Warum kannst du ihn in diese Richtungen besonders gut werfen?

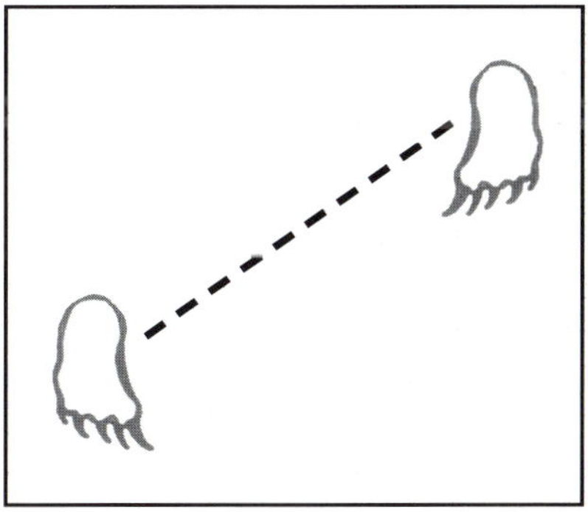

Aufgabe 4
Dein kleines Wörterbuch: Was heißt OTOSHI, MIGI, HIDARI und KOSHI auf Deutsch?

OTOSHI = ________ MIGI = ________

HIDARI = ________ KOSHI = ________

5.3 Gelborangegurt

O SOTO GARI
(Große Außensichel)

Der Wurf

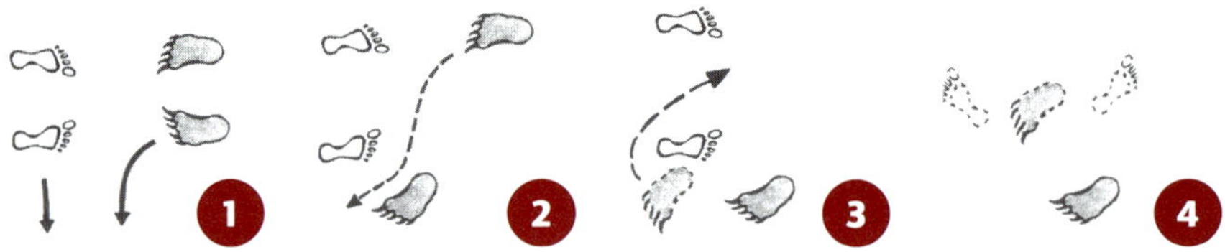

Seit, seit, ran, ssssit – bum, schon fällt der Partner um!

ZUM MITLESEN:

Für diesen Wurf benötigst du die Rechtsfassart. Aus der Seitwärtsbewegung trittst du schräg nach vorn und ziehst den Partner mit dem linken Arm stark auf. Nun zieht dein rechter Fuß nach und „sichelt" oder schwingt – sssssit – ohne aufzusetzen das Bein des Partners mit Schwung nach hinten weg. Vergiss nicht, den Partner mit den Armen umzudrücken.

Erinnerung:

Du hast schon den O SOTO OTOSHI gelernt – dabei darfst du dein Sichelbein aufsetzen, ohne zu sicheln und drückst den Partner mit den Armen über das aufgestellte Bein.

5.3 Gelborangegurt

Aufgabe 1

Nummeriere die Fußfolge des O SOTO GARI in den vier Kästchen in der korrekten Reihenfolge. Ist der Bär UKE oder TORI?

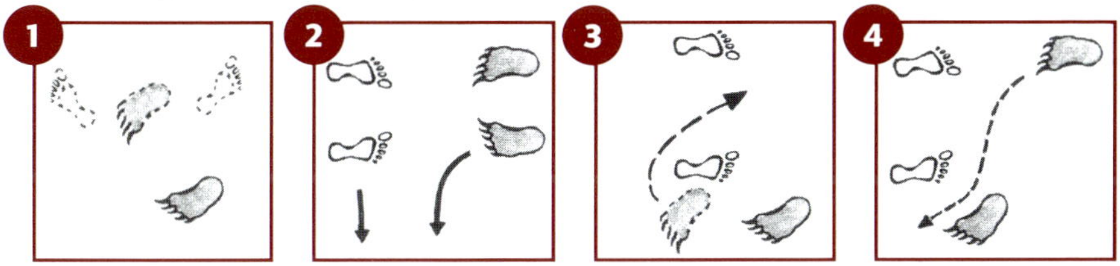

Aufgabe 2

Das sind Teile der Zeichnungen für den O SOTO GARI. Aus welchen Zeichnungen – Nummer **1, 2, 3** oder **4** – stammen sie und welche wichtigen Dinge heben sie in diesen Zeichnungen hervor? (denke an die Zauberformel ...)

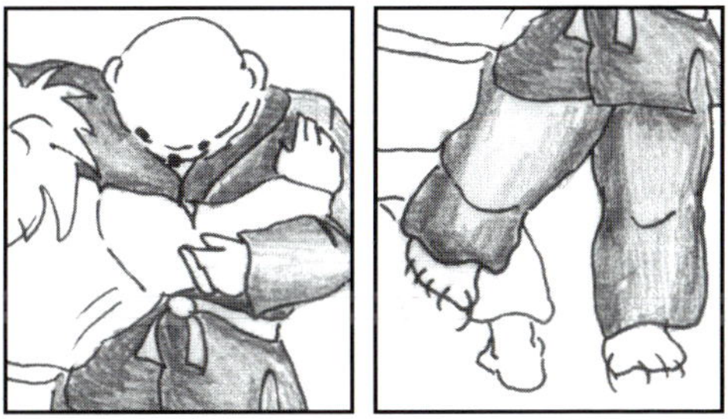

____

____

____

____

____

____

____

Aufgabe 3

Dein kleines Wörterbuch: Was heißt SOTO, GARI und O auf Deutsch?

SOTO = ________________________________

GARI = ________________________________

O = ________________________________

Aufgabe 4.

Worauf muss die kleine Hexe beim Fallen achten?

____

Wodurch kann der kleine Bär ihr das Fallen erleichtern?

____

5.3 Gelborangegurt

DE ASHI BARAI (Kreisbewegung) (Fußfegen)

Der Wurf

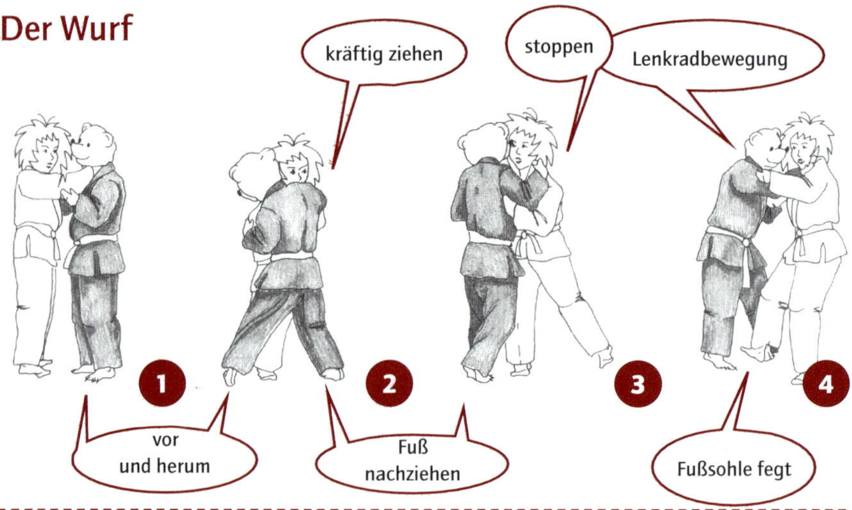

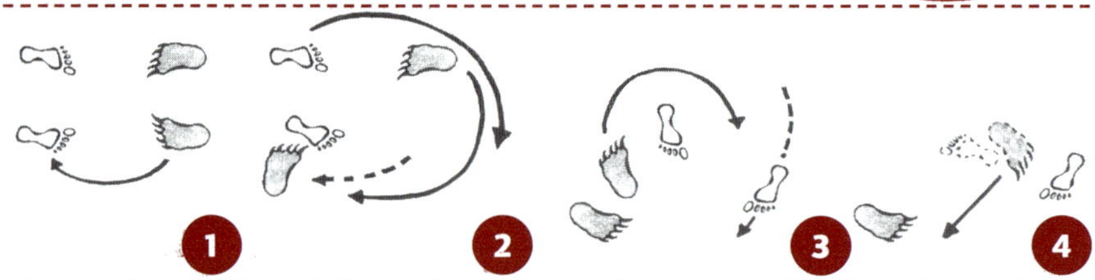

> **Walzerschritt und rangezogen, Fuß gefegt, gelenkt, geflogen!**

ZUM MITLESEN:

Nackenreversfassart rechts, deine rechte Hand fasst hinter dem Kopf am Kragen des Partners, deine linke unter seinem Arm. Mit dem linken Fuß vor und herum treten (ins Ohr schauen). Den anderen Fuß setzt du nun im Halbkreis hinter den ersten. Dabei ziehst du deinen Partner kräftig zu dir hin, sodass er einen großen Schritt im Kreis machen muss. Du stoppst seine Kreisbewegung mit deiner Revershand (Lenkradbewegung). Sobald dein Partner seinen Fuß aufgesetzt und belastet hat, fegst du seinen anderen Fuß mit langem Bein von hinten nach vorn weg (Fußsohle fegt). Deine Arme führen ihre Lenkradbewegung fort.

Aufgabe 1

Male die Fußfolge des DE ASHI BARAI aus der Kreisbewegung in die vier leeren Kästchen und kennzeichne dabei UKE und TORI.

1	2	3	4

Aufgabe 2

Beschreibe die Aufgabe deiner Revershand beim DE ASHI BARAI. Die beiden Bildausschnitte können dir helfen.

___

___

___

Aufgabe 3

Aus welchen anderen Bewegungen kannst du DE ASHI BARAI werfen?

___

___

___

Aufgabe 4

Welche anderen Würfe kannst du aus der Kreisbewegung werfen?

___

___

___

Aufgabe 5

Dein kleines Wörterbuch: Was heißt ASHI, BARAI, TORI und NAGE auf Deutsch?

ASHI = ______________ TORI = ______________

NAGE = ______________ BARAI = ______________

5.3 Gelborangegurt

Und etwas über Wettkampfregeln ...

Vielleicht fühlst du dich jetzt schon so sicher, dass du dich auch einmal in einem richtigen Wettkampf mit anderen messen möchtest – wenn nur die Regeln nicht so verwirrend wären!

Keine Angst, so schlimm ist es eigentlich gar nicht! Nach dem Wiegen und Aufwärmen suchst du dir die Kampffläche deiner Gewichtsklasse und wartest, bis deine Kampfpaarung aufgerufen wird. Keine Sorge, im richtigen Moment wird dein Trainer bei dir auftauchen und dir helfen, dich zurechtzufinden. Inzwischen kannst du dich ein wenig umgucken.

Das rote Mattenviereck ist die Kampffläche (die roten Matten gehören noch dazu), die keiner verlassen darf. Der Mensch in der schwarzen Jacke auf der Matte ist der Kampfrichter, der aufpasst, dass es fair zugeht. Da muss er verflixt aufpassen und wenn die Wettkampfgürtel nicht wären, könnte er die Kämpfer auf der Matte so schnell wohl kaum auseinander halten. Den roten Wettkampfgürtel bindet sich immer der zuerst aufgerufene Kämpfer um, der als zweites Aufgerufene bekommt den weißen Gürtel.

Der Wettkampf beginnt, indem sich die beiden Gegner voreinander verbeugen und der Kampfrichter „Hajime" (Kämpft!) sagt. Beide Kämpfer versuchen nun, ihre Fassart aufzunehmen. Gelingt ihnen dann ein Wurf perfekt, sodass der Gegner mit dem Rücken auf der Matte landet, reißt der Kampfrichter den Arm hoch und ruft „Ippon!" (Punkt, Sieg), dann „Sore made" (das war's) und der Kampf ist beendet. Wenn ein Wurf nicht so gut glückt, gibt der Kampfrichter „Waza-ari" (einen halben Punkt). Das ist auch schon ganz gut, denn ein weiterer „Waza-ari" ergibt addiert einen „Ippon", was der Kampfrichter dann so ansagt: „Waza-ari awasete Ippon, sore made!" (das bedeutet: zwei halbe Punkte ergeben einen Ippon, also den Sieg). Weil der Gegner aber auch Judo kann – sonst stünde er ja nicht auf der Matte – und sich mehr oder weniger geschickt verteidigt, gelingt nicht immer alles so vortrefflich. So landet der Geworfene manchmal nur auf dem Bauch (keine Wertung), auf der Seite („Yuko") oder auf dem Allerwertesten („Koka!").

Auch im Bodenkampf kann es Wertungen geben. Hat ein Kämpfer seinen Gegner im Haltegriff zu fassen bekommen, ruft der Kampfrichter „Osae-komi!" (Haltegriff zählt). Nun gilt es festzuhalten, denn kann er den Haltegriff halten, so bekommt er für 25s einen „Ippon". Kann der Gegner mit Geschick früher aus dem Haltegriff entkommen, so sagt der Kampfrichter „Toketa!" (Haltegriff gelöst) - von 20-24s gibt das immerhin einen „Waza-ari", von 15-19s einen „Yuko" und von 10-14s einen „Koka" als Wertung. In den höheren Altersklassen sind auch Hebel und Würgetechniken erlaubt, mit denen ein Kämpfer den Kampf vorzeitig mit „Ippon" für sich entscheiden kann - für euch allerdings sind solche Techniken noch nicht gestattet!

Die Wertungen werden auf der Kampftafel angezeigt. Die Kampfzeit ist unterschiedlich, für euch beträgt sie drei Minuten. Die Uhr wird bei jeder Unterbrechung - vom Kampfrichter durch den Ruf „Matte" (Stopp) angezeigt - angehalten.

Bestrafungen sind immer eine schlechte Sache, am meisten für die Betroffenen. Eine unfaire Handlung führt zu „Hansokumake" (Disqualifikation), kommt aber sehr selten vor. Kleinere Vergehen, z.B. Inaktivität eines Kämpfers, werden mit „Shido" (ein negativer „Koka") oder „Chui" (ein negativer „Yuko") geahndet. Die Bestrafungen werden dem Gegner sofort entsprechend gut geschrieben! In deinem Alter allerdings werden vom Kampfrichter erst einmal Ermahnungen und Belehrungen ausgesprochen, denn alle Fehler auf einmal könnt ihr schließlich nicht gleich wissen. Bei einem unentschiedenen Kampf entscheidet der Kampfrichter über den Sieg - jetzt kommt es darauf an, wer beim Kampf am aktivsten gewesen ist.

So weit hast du nun zugeschaut, da wird dein Name aufgerufen.

Was tust du nun, **wenn ...**

... der Kampfrichter „OSAE-KOMI" sagt?

____

... der Kampfrichter „HAJIME" ruft?

____

... der Kampfrichter „TOKETA" sagt?

____

5.4 Orangegurt

HARAI GOSHI (Hüftfeger)

Der Wurf

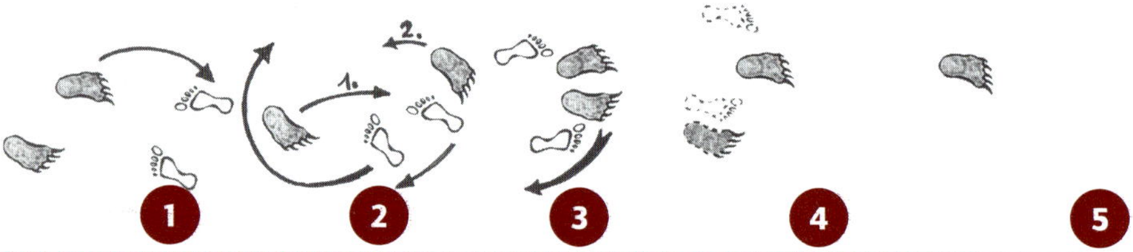

> **Vor und herum, wie jeder weiß, Revershand zieht ihn dann im Kreis, deine Hüfthand fängt ihn auf, dann lass dem Fegbein freien Lauf.**

ZUM MITLESEN:

Rechtsfassart. Du trittst mit deinem linken Fuß weit vor und um den Partner herum. Nun ziehst du ihn mit der Revershand kräftig zu dir hin und ziehst dabei deinen rechten Fuß nach (1.), um deinem Partner für seine Bewegung Platz zu machen. Jetzt fängst du mit deiner Revershand seine Kreisbewegung auf, indem du um seine Hüfte fasst. Deinen linken Fuß setzt du nun im engen Halbkreis nach hinten (2.). Vergiss deinen Armzug dabei nicht (auf die Uhr schauen)! Dann setzt du dein Bein zum Fegen außen an. Jetzt wirfst du deinen Partner, indem du deinen Oberkörper abbeugst, drehst und das Bein hochfegst (Standwaage).

5.4 Orangegurt

Aufgabe 1

Von welchem Wurf stammt das Bild?
Beschreibe kurz die Ähnlichkeiten zum HARAI GOSHI.

Aufgabe 2

Aus welchen Würfen stammen die Bilder **1** und **2**? Welche Gemeinsamkeiten gibt es? Was unterscheidet die beiden Würfe?

Aufgabe 3

Zu welchen Würfen gehören die Bilder **1** und **2**? Beschreibe kurz die Einzelheiten, die ähnlich sind, und dann die Unterschiede.

Aufgabe 4

Dein kleines Wörterbuch: Was heißt HARAI, BARAI, GOSHI und KOSHI auf Deutsch?

HARAI = ____________ BARAI = ____________

GOSHI = ____________ KOSHI = ____________

5.4 Orangegurt

KO SOTO GAKE
(Kleines äußeres Einhängen)

Der Wurf

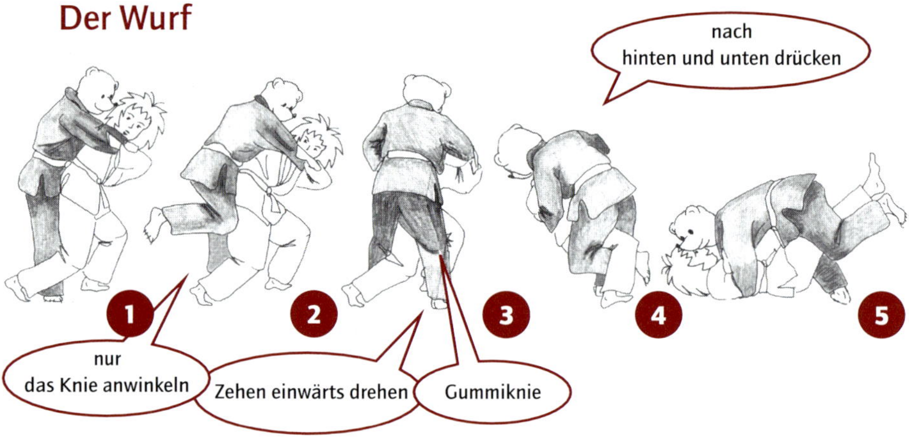

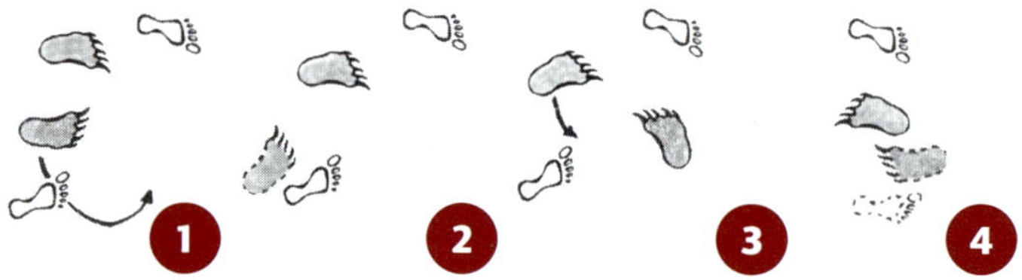

Weiche aus, steig übers Bein, das Knie nur winkle dabei ein, die Zehen schnell nach einwärts drehen und in die Gummiknie gehen, nun hake noch dein anderes Bein – wobei du drückst – von außen ein!

ZUM MITLESEN:

Rechtsfassart. Wenn dein Partner gerade einen TAI OTOSHI eindreht, dann blockst du den Wurf energisch und weichst anschließend aus, indem du über sein Sperrbein weit nach vorn übersteigst (nur das Knie anwinkeln!). Die Zehen deines übersteigenden Beines drehen sich dabei einwärts und du gehst in die Gummiknie.
Zum Konterwurf drückst du ihn nun mit beiden Armen nach hinten-unten und hängst gleichzeitig dein anderes Bein von außen in das Sperrbein deines Partners ein. Jetzt noch kräftig nach hinten-unten drücken (zur Matte schauen), während du mit deinem eingehängten Bein sein Sperrbein weghakelst.

KO SOTO GAKE
(Kleines äußeres Einhängen)

Aufgabe 1

Was ist der Unterschied zwischen SOTO und UCHI? Beschreibe kurz, wo dein Bein bei Techniken eingesetzt wird, die entweder SOTO oder UCHI im Namen tragen!

Aufgabe 2

Was ist der Unterschied zwischen KO und O? Beschreibe kurz, welche unterschiedlichen Bewegungen dein Bein bei Fußtechniken, die entweder O oder KO im Namen tragen, ausführt!

Aufgabe 3

Zu welchen Würfen gehören die Bilder 1 und 2? Beschreibe kurz die Einzelheiten, die ähnlich sind, und dann die Unterschiede.

1

2

Aufgabe 4

Dein kleines Wörterbuch: Was heißt KO, O, SOTO, UCHI, GARI und GAKE auf Deutsch?

O = ____________________

KO = ____________________

GARI = ____________________

SOTO = ____________________

UCHI = ____________________

GAKE = ____________________

5.4 Orangegurt

O UCHI BARAI
(Großes Innenfegen)

Der Wurf

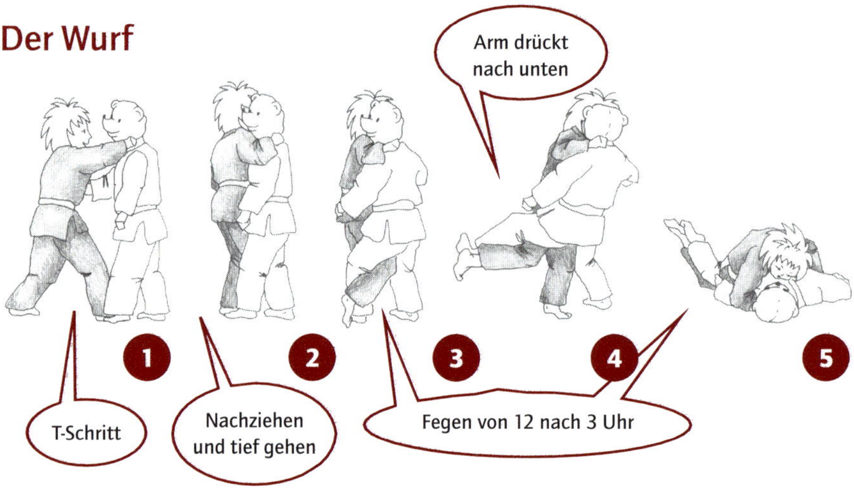

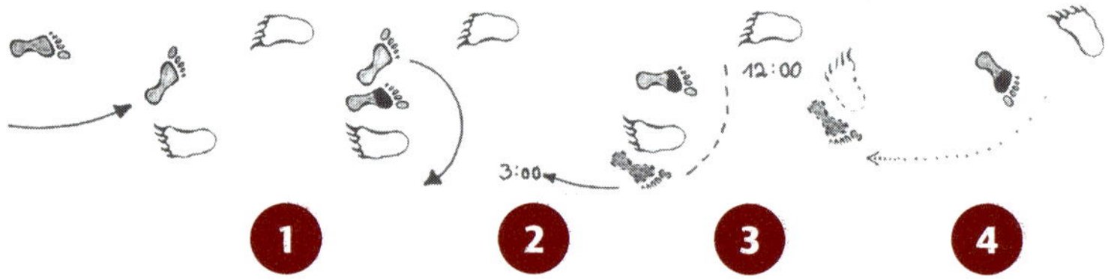

So legst du jetzt den Partner flach, T-Schritt, Anriss, dann zieh nach, die Arme drückst du schräg dabei und fegst darauf von zwölf bis drei.

ZUM MITLESEN:

Du stehst in der Rechtsauslage mit Nackenreversfassart, dein Partner macht mit dem linken Fuß einen weiten Schritt vor. Dann machst du den T-Schritt und Anriss wie zum KODOKAN-Eingang. Den linken Fuß ziehst du nach. Vergiss dabei die tiefen Gummiknie nicht. Während jetzt deine beiden Arme schräg nach unten drücken, fegst du aus der Hüfte innen von 12 nach 3 Uhr das Bein deines Partners weg und schaust nach vorn zur Matte nach unten.

Hinweis für Fortgeschrittene:
Ein Bein, das gefegt wird (BARAI), sollte unbelastet sein, ein Bein, das gesichelt wird (GARI), ist in der Regel belastet!

Aufgabe 1

Schneide die Bilder unten aus und klebe sie hier in der richtigen Reihenfolge auf!

1	2	3	4

Schneide die Füße unten aus, ordne sie zur richtigen Fußfolge und klebe sie auf!

1	2	3	4

Aufgabe 2

Was musst du alles beachten, wenn du O UCHI BARAI wirfst? (denke an die Zauberformel ...)

____

____

Aufgabe 3

Dein kleines Wörterbuch: Was heißt O, KO und BARAI auf Deutsch?

O = ____________________

KO = ____________________

BARAI = ____________________

Aufgabe 4

Was machst du, wenn du im RANDORI einen O UCHI BARAI geworfen hast?

- O ein Eis essen
- O einen Haltegriff
- O zu Mama laufen
- O aufstehen und neu versuchen

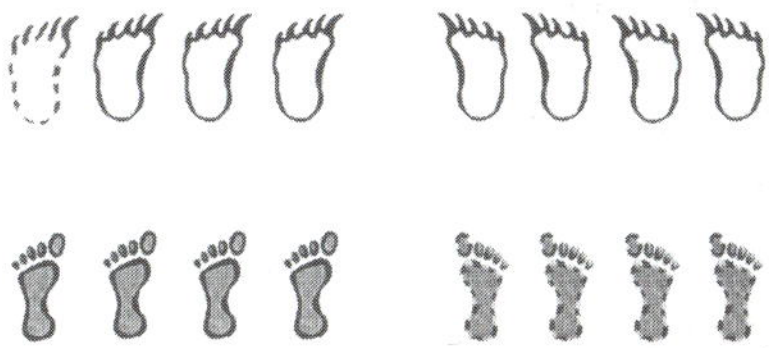

5.4 Orangegurt

KO UCHI BARAI
(Kleines Innenfegen)

Der Wurf

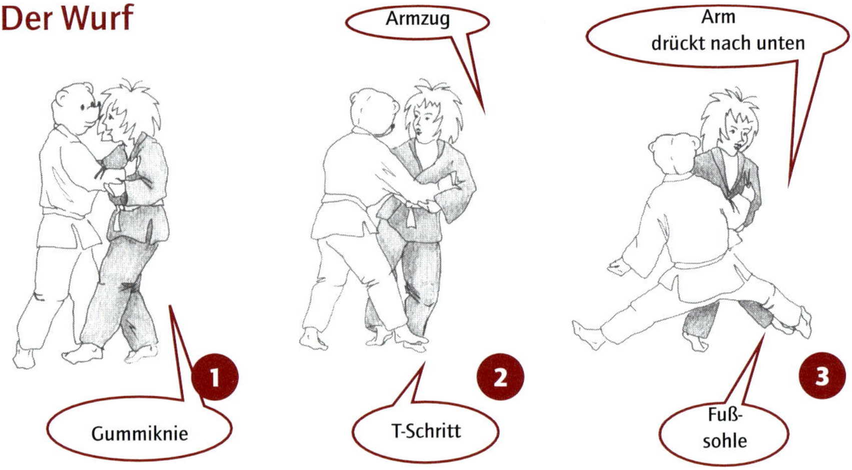

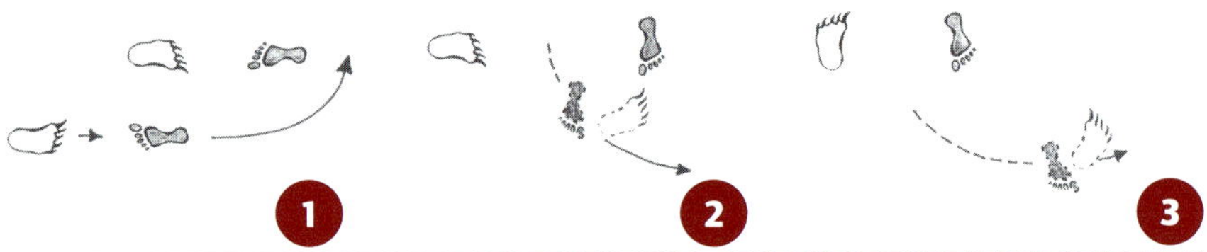

ZUM MITLESEN:

Rechtsfassart. Du bringst mit deinem starken Armzug den Partner dazu, einen langen Schritt nach vorn zu machen.

Diesen Moment nutzt du, um deinen Fuß schnell im kleinen Halbkreis zum T zu setzen.

Kurz bevor der Partner seinen Fuß aufsetzt, fegst du von innen mit der Fußsohle seinen Fuß weg. Dabei drückst du mit beiden Armen nach unten.

> **Armzug, T-Schritt, Sohle fegt und dann mit Druck aufs Kreuz gelegt!**

5.4 Orangegurt

Aufgabe 1
Schneide die Bilder unten aus und klebe sie hier in der richtigen Reihenfolge auf!

Wurf	1	2	3
Füße	1	2	3

Aufgabe 2
Was musst du alles beachten, wenn du KO UCHI BARAI wirfst?
(denke an die Zauberformel ...)

____

____

____

____

Aufgabe 3
Dein kleines Wörterbuch: Was heißt KO, UCHI und BARAI auf Deutsch?

KO = ______________________

UCHI = ______________________

BARAI = ______________________

5.4 Orangegurt

SASAE TSURI KOMI ASHI
(Kreisbewegung) (Hebezug – Fußstoppen)

Der Wurf

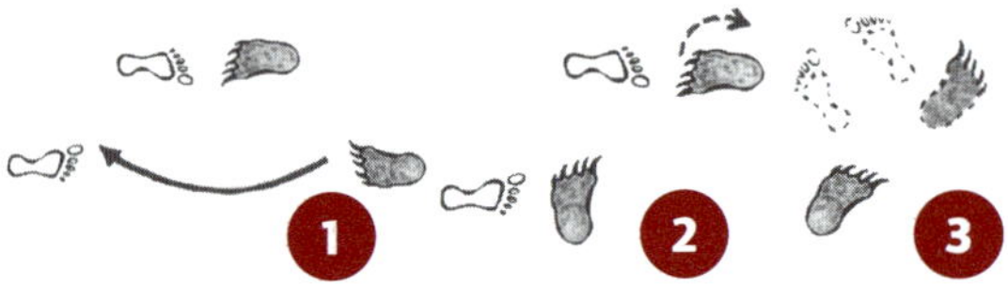

ZUM MITLESEN:

> **Mach dicht an ihn einen Schritt und nimm die Zehen einwärts mit, lenk ihn dann an dir vorbei, dein Bein stoppt seine Stolperei.**

Nackenreversfassart rechts. Du stehst in Rechtsauslage, dein Partner in Linksauslage, er schiebt leicht. Mit einem großen Schritt trittst du vor und von innen dicht an seinen hinteren Fuß heran, die Zehen dabei einwärts gerichtet. Achtung: Dabei gehst du in die Gummiknie und nimmst die Hüfte mit! Mit der Revershand ziehst du den Partner zu deiner Schulter, während die andere Hand seinen Ellenbogen nach hinten-aufwärts drückt (Lenkradbewegung). Diese Bewegung unterstützt du mit dem Bauch und durch Oberkörperdrehung. Dein vorgesetztes Spielbein stoppt nun die Beine des Partners, damit er kippt, während du oben weiter deine Lenkradbewegung ausführst. Du kontrollierst seinen Fall bis zum Boden. Dein Partner achtet darauf, seinen (freien) linken Arm nicht auf dem Ellenbogen abzustützen.

5.4 Orangegurt

Aufgabe 1

Du wirfst einen SASAE TSURI KOMI ASHI. Beschreibe, wie du deinen rechten und linken Arm dabei einsetzt.

Aufgabe 2

Aus welcher anderen Bewegung hast du SASAE TSURI KOMI ASHI bereits kennen gelernt? Welche Unterschiede fallen dir auf (Fassart, Wurfrichtung)?

Aufgabe 3

Zu welchen Würfen gehören die Bilder 1 und 2? Beschreibe kurz die Einzelheiten, die ähnlich sind, und dann die Unterschiede.

1

2

Aufgabe 4

Dein kleines Wörterbuch: Was heißt SASAE, ASHI, BARAI und SEOI auf Deutsch?

SASAE = ______________ BARAI = ______________

ASHI = ______________ SEOI = ______________

5.4 Orangegurt

ÜBUNG MACHT DEN MEISTER!
(oder: Etwas über die Motivation ...)

"Ich finde Judo sehr gut. Es ist ein gerechter Sport. Und beim Training macht es besonders viel Spaß, da machen wir Liegestütze, Randori und noch vieles mehr. Wenn man ein Turnier hat und einen Kampf verliert, ist es überhaupt nicht schlimm. Aber wenn man einen Kampf gewinnt, dann fühlt man ganz tief im Herzen Freude. Dabei sein ist alles."

„Dabei sein ist alles." Das schrieb einer unserer Schüler, der schon einige Wettkämpfe mitgemacht hatte, in deinem Alter über den Judosport. Das sagt ganz knapp schon vieles, was man über den Wettkampf sagen kann.

Auch wenn du bei den ersten Turnieren nicht gleich den gewünschten Erfolg hast, ist denn das so schlimm? Ist es etwa nichts, **dabei** zu sein? Du darfst dich nur nicht entmutigen lassen. Du hast den Ersten schließlich eines voraus: Den Wunsch und die Entschlosssenheit, es irgendwann doch mit ihnen aufnehmen zu können. Da gibt es kein „Das kann ich nicht!" – sondern nur ein „Das kann ich **noch** nicht!", mit dem du weiter fleißig trainierst und übst.

Beschäftige dich intensiv mit den Techniken, die du neu lernen und verbessern musst, und bemühe dich, aus jeder Trainingsstunde für dich das Beste mitzunehmen. Vielleicht beschäftigst du dich interessehalber auch mal außerhalb des Trainings mit deinem Sport? Beispielsweise schaust du in ein Buch, um dich an bereits gelernte Techniken zu erinnern, oder du führst ein Trainingstagebuch?

Das ist manchmal gar nicht so einfach, wie es sich anhört, die eigene Bequemlichkeit zu überwinden! Das Turnen ist anstrengend, beim Laufen kommt man aus der Puste, beim Dehnen kann man so schön mogeln und überhaupt ist es spannender, gerade jetzt, wenn der Übungsleiter etwas erklärt, mit deinem Nachbarn eine Verabredung zum Spielen zu treffen und den neuesten Witz auszutauschen ... Aber so kann es sein, dass du gerade das Wesentliche verpasst, das dir beim nächsten Randori weitergeholfen hätte!

Da musst du dich dann **selber** zum **richtigen** Trainieren aufrufen und das ist schwerer, als wenn es durch den Übungsleiter von außen geschieht. Er kann euch zwar vieles zeigen und euch immer wieder korrigieren, aber über die Genauigkeit und Intensität, mit der du das Gezeigte **übst**, entscheidest du schließlich selbst. Wenn du das schaffst, dann hast du den schwersten Sieg erkämpft: den über sich selbst. Und das hilft dir später auch sonst im Leben weiter!

Schreibe hier einmal deine Lieblingstechniken auf und was du dabei schon gut kannst oder noch üben möchtest. In welchen Situationen im Randori wendest du sie an?

Meine Lieblingstechniken:	Das kann ich daran schon gut:	Das muss besser werden:

5.5 Orangegrüngurt

KO UCHI MAKI KOMI
(Kleines Innen-Mitfallen)

Der Wurf

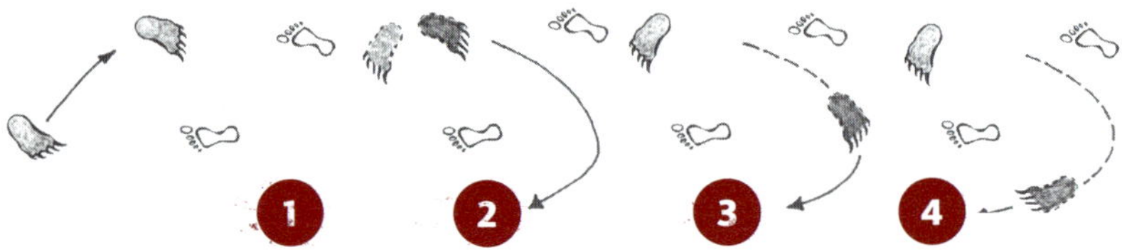

> **Anriss, T-Schritt, nachgezogen, Ausfallschritt und reingeschoben, Bein gesichelt, Blick zur Matte, auf ihn fällst du weich wie Watte.**

ZUM MITLESEN:

Rechtsfassart. Du reißt den Partner an und setzt deinen Fuß zum T, als wenn du einen SEOI NAGE werfen wolltest (fintieren). Wenn dein Partner nach hinten reagiert, um sich gegen SEOI NAGE zu verteidigen, dann ziehst du dein anderes Bein nach. Dein linker Arm legt sich über den Oberschenkel des Partners. Deine ganze linke Körperseite bekommt dabei engen Kontakt mit deinem Partner. Gleichzeitig machst du einen Ausfallschritt vor (nicht aufsetzen!) und sichelst nun sein Bein mit einer weiten Bewegung zur Seite weg. Dabei drückst du deinen Körper weiter in den Partner hinein, bis er schräg nach hinten fällt.

5.5 Orangegrüngurt

Aufgabe 1

Beschreibe kurz, wie dein Partner auf deinen Anriss (nicht) reagiert und was du **dann** machst. Folge den Pfeilen.

Du reißt deinen Partner stark an.

Wenn er ... ____________

Dann ... ____________ ____________

Wenn er nicht .... ____________

Dann ... ____________ ____________

Anschließend machst du einen ____________

Aufgabe 2

Zu welchen Würfen gehören die Bilder 1 und 2? Beschreibe kurz die Einzelheiten, die ähnlich sind, und dann die Unterschiede.

____
____
____
____
____
____

Aufgabe 3

Dein kleines Wörterbuch: Was heißt MAKI KOMI, SEOI, ASHI und NAGE auf Deutsch?

MAKI KOMI = ____________ SEOI = ____________

ASHI = ____________ NAGE = ____________

5.5 Orangegrüngurt

TOMOE NAGE (Kopfwurf)

Der Wurf

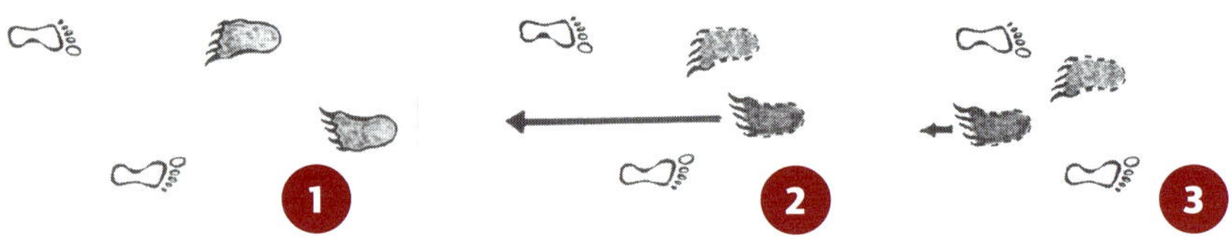

ZUM MITLESEN:

Nackenrevers – Rechtsfassart. Du schiebst und wenn dein Partner dagegen schiebt (1), ziehst du dein hinteres Bein blitzschnell weit nach vorn zwischen die Beine deines Partners (2, 3). Dein anderes Bein setzt du gleichzeitig stark gebeugt in die Leiste deines Partners (3). Dein Po gleitet zwischen die Beine des Partners dicht an die Ferse deines ersten Beines (4). Bemühe dich, so weit wie möglich unter den Schwerpunkt deines Partners zu gelangen. Deine Arme ziehen ihn dabei stark zu dir hin. Wenn der Partner über dir ist (5), beginnst du, das Bein, das in der Leiste des Partners sitzt, zu strecken. Deine Arme kontrollieren den Fall des Partners (er macht eine große Judorolle vorwärts). Du rollst in einer Rückwärtsrolle mit, um seitlich neben dem Partner zu landen und einen Haltegriff anzuschließen (6).

5.5 Orangegrüngurt

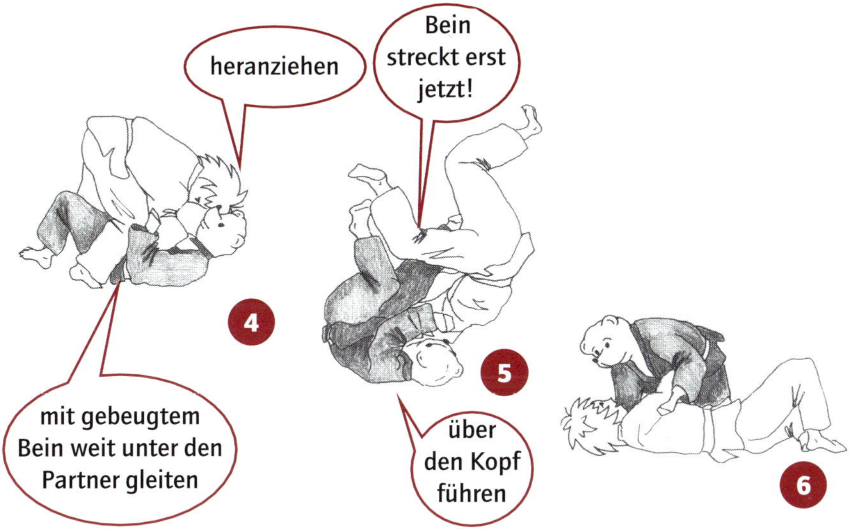

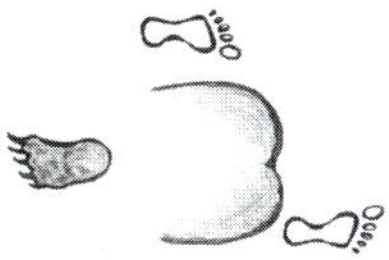

4

Du schiebst, er schiebt, es geht los:
Du springst dem Partner an den Schoß, weit unter ihn,
gebeugt das Bein, dein Po muss ganz am Hacken sein!!
Nun streck dein Bein und zieh ihn ran, damit er sicher fallen kann,
und endlich rollst du – das hat Pfiff! – rückwärts mit zum Haltegriff!

5.5 Orangegrüngurt

TOMOE NAGE (Kopfwurf)

Aufgabe 1

Beschreibe kurz die Arbeit deiner Beine beim TOMOE NAGE. Beachte besonders die Phasen 3, 4 und 5.

Aufgabe 2

Welche Aufgabe kommt auf deine Arme in Phase 4 und 5 des TOMOE NAGE zu?

Aufgabe 3

In welcher Ausgangssituation kannst du gut einen TOMOE NAGE ansetzen?

Aufgabe 4

Dein kleines Wörterbuch:
Was heißt TOMOE, NAGE, KO und SOTO auf Deutsch?

TOMOE = __________

NAGE = __________

KO = __________

SOTO = __________

Aufgabe 5

Bastele dir dein TOMOE NAGE Daumenkino.

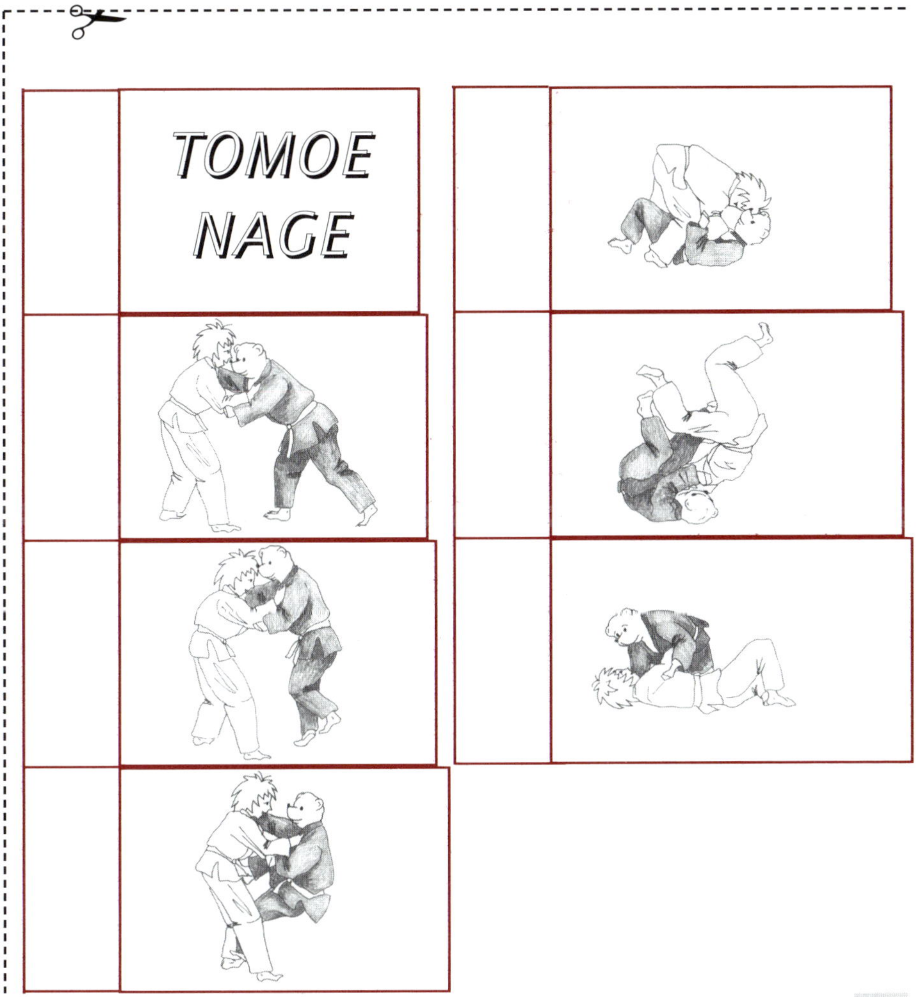

5.5 Orangegrüngurt

YOKO TOMOE NAGE
(Seitlicher Kopfwurf)

Der Wurf

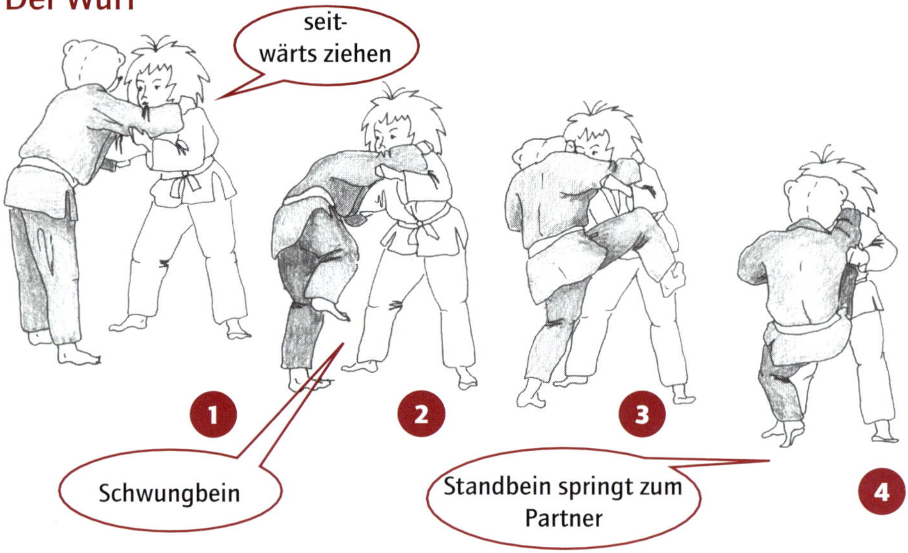

ZUM MITLESEN:

Du wirfst diesen Wurf aus der Rechtsfassart, wenn dein Partner eine leichte Rechtsauslage zeigt. Du ziehst ihn am Revers schräg seitwärts, bis du seine Gegenspannung deutlich spürst.

Dann schwingst du dein Bein auf der gleichen Seite in einer weiten, kreisförmigen Bewegung gebeugt zum Bauch des Partners. Gleichzeitig springst du mit dem anderen Bein an den Partner heran. Du drehst dich im Sprung, sodass du quer vor dem Partner zu liegen kommst, dabei rutscht dein Po eng an dein Standbein heran.

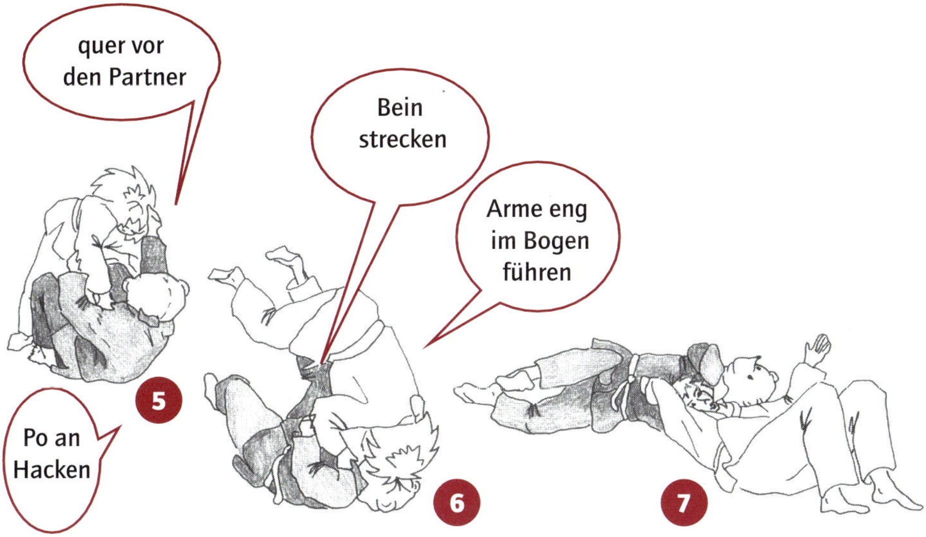

Deine Arme ziehen während der Sprungbewegung den Partner eng heran. Nun drückt dein Bein den Partner nach oben und deine Arme führst du im engen Bogen (wie beim TOMOE NAGE) über deinen Kopf.
Du kannst dabei gleich überrollen, um eine Haltetechnik anzuschließen.

Seitwärts kräftig angezogen, Schwungbein dreht im weiten Bogen, den Körper quer zum Partner hin (dein Po ist fast im Hacken drin!), Bein gestreckt, Arm eng geführt, bis er wieder Boden spürt ...

5.5 Orangegrüngurt

YOKO TOMOE NAGE
(Seitlicher Kopfwurf)

Aufgabe 1

Was zeigt das rechte Bild für einen Wurf und wie unterscheidet er sich vom YOKO TOMOE NAGE?

____

____

____

____

Aufgabe 2

Überlege: Aus welchen Bewegungen kannst du YOKO TOMOE NAGE werfen?

____

____

Aufgabe 3

Mit welchen Würfen kannst du einen YOKO TOMOE NAGE vorbereiten, d.h. dir eine günstige Situation für diesen Wurf schaffen?

____

____

Aufgabe 4

Du versuchst einen YOKO TOMOE NAGE und liegst schon quer vor deinem Partner, schaffst es aber nicht, ihn über dich zu werfen. Was könntest du nun für eine Technik anschließen?

____

____

Aufgabe 5

Dein kleines Wörterbuch: Was heißt YOKO, TACHI WAZA, NE WAZA und NAGE auf Deutsch?

YOKO = ______________ TACHI WAZA = ______________

NAGE = ______________ NE WAZA = ______________

5.5 Orangegrüngurt

OKURI ASHI BARAI
(Doppel-Fußnachfegen)

Der Wurf

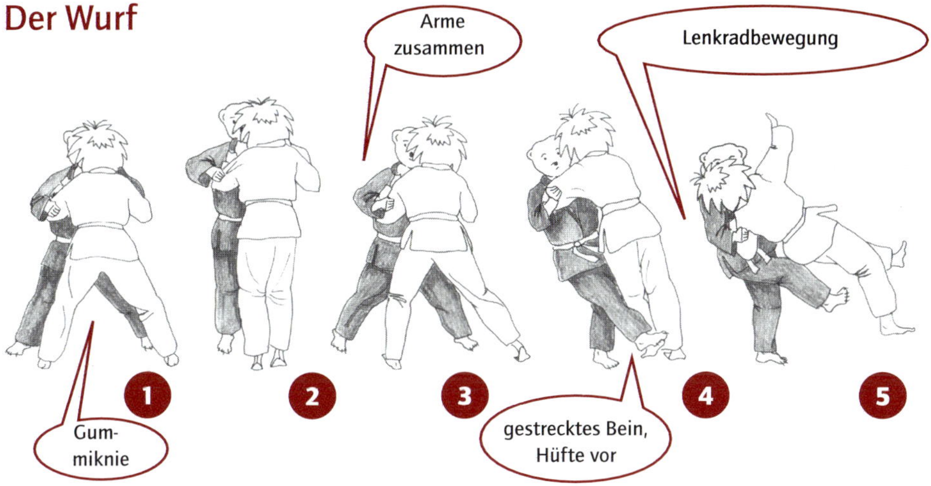

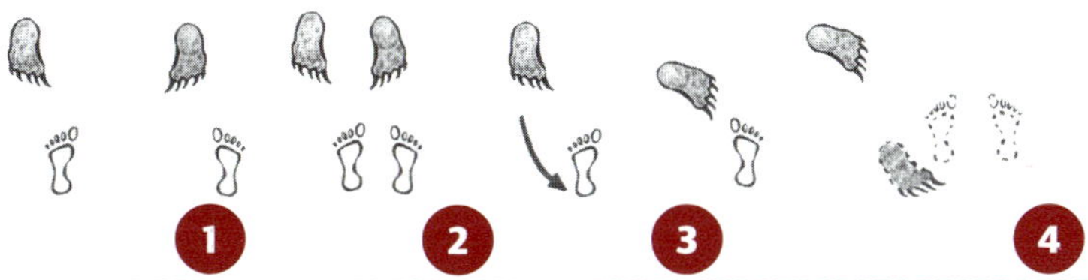

Tritt dicht heran im Seitwärtsschritt, Gummiknie helfen mit. Hüfte vor und nachgefegt, gelenkt und sachte abgelegt!

ZUM MITLESEN:

Reversfassart links. Du wirfst aus der Seitwärtsbewegung in Richtung deiner Revershand (1, 2). Bleibe gut in den Gummiknien! Wenn dein Partner einen Schritt zur Seite macht, trittst du dicht an ihn heran, deine Zehen zeigen in Bewegungsrichtung. Deine Arme führst du zusammen, wodurch du den Partner auf die Zehenspitzen hebst. Gleichzeitig fegt dein anderes Bein gestreckt seine Beine zusammen. Diese Fegebewegung wird von deiner Hüfte unterstützt. Deine Arme führen eine Lenkradbewegung aus, wenn der Partner in der Luft ist.

5.5 Orangegrüngurt

OKURI ASHI BARAI
(Doppel-Fußnachfegen)

Aufgabe 1
Male die Fußfolge zum OKURI ASHI BARAI in die vier leeren Felder unten!

1	2	3	4

Aufgabe 2
Du wirfst einen OKURI ASHI BARAI. Beschreibe, wie du deine Arme dabei einsetzt.

____

____

____

____

Aufgabe 3
Zu welchen Würfen gehören die Bilder 1 und 2? Beschreibe kurz die Einzelheiten, die ähnlich sind, und dann die Unterschiede.

____

____

____

Aufgabe 4
Dein kleines Wörterbuch: Was heißt OKURI, ASHI, HARAI und BARAI auf Deutsch?

OKURI = ____________________ ASHI = ____________________

HARAI = ____________________ BARAI = ____________________

5.5 Orangegrüngurt

UCHI MATA (KOSHI) (Innen-Schenkelwurf)

Der Wurf

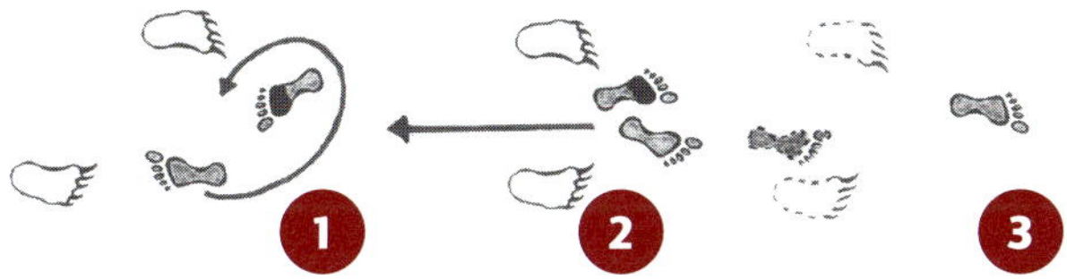

Tipp für Fortgeschrittene:
Wirf diesen Wurf auch einmal aus der Vorwärtsbewegung (KODOKAN-Eingang vorwärts!)

KODOKAN-Eingang vorbereiten, tief in die Gummiknie gleiten, dein Anriss bricht das Gleichgewicht, vergiss dein Handgelenk hier nicht! Nun beugst du ab und fegst dein Bein hoch in die Standwaage hinein.

ZUM MITLESEN:

Nackenreversfassart rechts. Du wirfst diesen Wurf aus der Rückwärtsbewegung, indem du den rechten Fuß zurück und einwärts gedreht setzt (nur Fußballen aufsetzen) und sodann den linken Fuß im engen Halbkreis herumschwingst. Dein Standbein sollte hinter dein späteres Fegebein nur mit dem Fußballen aufgesetzt werden. In den Gummiknien gleitest du in diese Bewegung hinein (KODOKAN-Eingang rückwärts). Gleichzeitig reißt du mit den Armen den Partner stark an (auf die Uhr schauen), um sein Gleichgewicht zu brechen. Dein Handgelenk im Nacken deines Partners bleibt dabei gerade. Unter starkem Armzug beugst du dich ab und fegst nun mit gestrecktem Bein an seiner Innenschenkelseite nach oben (Standwaage).

5.5 Orangegrüngurt

UCHI MATA (KOSHI)
(Innen-Schenkelwurf)

Aufgabe 1

Was ist ein Wurfkreis?

Ein Wurfkreis ist der nebenstehende Kreis, in den du Wurftechniken eintragen kannst, die dir besonders liegen. Stelle dir vor, UKE steht in den oberen beiden Vierteln und du ihm gegenüber in den unteren beiden Vierteln.

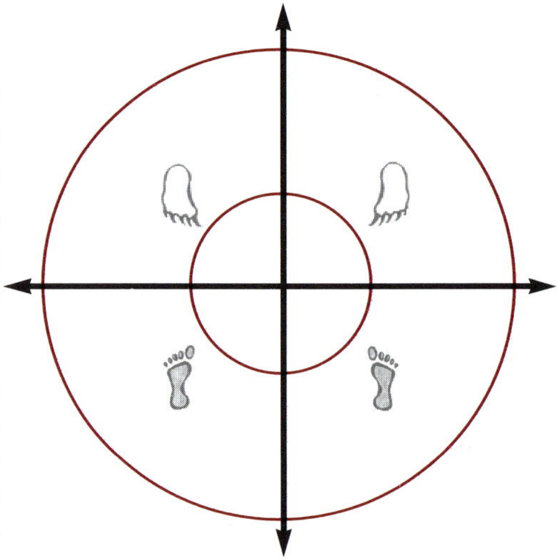

Trage nun in diesen Wurfkreis vier deiner Techniken ein, die du besonders gern anwendest. Zeichne mit Pfeilen die Richtung ein, in die du UKE dabei wirfst. Beschrifte diese Pfeile mit den Anfangsbuchstaben der Techniken, damit du weißt, um welche es sich handelt!

Aufgabe 2

Zu welchen Würfen gehören die Bilder 1 und 2? Beschreibe kurz die Einzelheiten, die ähnlich sind, und dann die Unterschiede.

____

____

____

____

____

____

____

Aufgabe 3

Dein kleines Wörterbuch: Was heißt SOTO, UCHI, MATA und ASHI auf Deutsch?

SOTO = _______________________ MATA = _______________________

UCHI = _______________________ ASHI = _______________________

Wo Judo herkommt und was das Wort „Judo" bedeuten soll

Im mittelalterlichen Japan gehörten die **Samurai**, die unseren Rittern vergleichbar waren, zur obersten Gesellschaftsklasse. Sie hatten das Vorrecht, zwei Schwerter zu tragen und mussten einem strengen Ehrenkodex, dem Bushido (= „Weg des Kriegers") folgen. Ihr Stand war erblich. Doch mit der Zeit nahmen sich die Ritter vom einfachen Volke, das keine Waffen tragen durfte, was sie kriegen konnten. So sann der kleine Mann auf ein Gegenmittel.

Ein solches fanden drei Männer bei einem um 1650 in Tokyo lebenden Chinesen (**Tshin Gembin**), der ihnen von einer in China gebräuchlichen Kunst berichtete, mit der man ohne Waffen Verbrecher verhaften konnte. Die drei - selbst „herrenlose", d.h. arbeitslose Samurai - entwickelten daraus ein **Selbstverteidigungssystem**, welches sie Jiu-Jitsu nannten. Dies Wort ist mit „milde Kunst" zu übersetzen und soll ganz wörtlich „Muskelbrechung" bedeuten.

Als Japan sich dem Westen öffnete (1854), geriet die alte Kunst in Vergessenheit. Man wollte modern sein und holte sich aus dem Westen Experten ins Land. Ein deutscher Medizinprofessor, **Dr. Erwin Baelz**, der an der Kaiserlichen Universität von Tokyo lehrte, trug dort wesentlich zur Entstehung von Judo bei. Er veranlasste, die fast vergessene Kunst als **Leibesübung in das Lehrprogramm** aufzunehmen.

In der Folge nahm sich sein Schüler **Jigoro Kano** der Sache an und schuf (1883) ein System, welches er **Judo (= der sanfte Weg)** nannte. Judo ist damit im Gegensatz zum Wort Jitsu, das eine mehr mechanische oder technische Kunst bezeichnet, der Begriff für eine **ethische Lehre** und bezeichnet den „rechten Weg". Kano wollte, dass Judo auch den Charakter des Menschen ausbildet. Dies alles im Sinne einer durch strenge **Selbstbeherrschung gekennzeichneten Übung des Gentleman, der sich durch nichts aus der Fassung bringen oder zu Heftigkeiten hinreißen lässt, die Anweisungen seines Lehrers bescheiden und freundlich befolgt und Niederlagen im Wettkampf ebenso ruhig hinnimmt wie den Sieg**. Schwer zu befolgen, nicht wahr?

Nun, ähnlich schwierig ist es auch, das Judo zu erlernen. Die weit über **einhundert Grundtechniken (Würfe, Hebel, Halte- und Würgegriffe) haben jeweils zahlrei-**

che Varianten und bieten ein unerschöpfliches Reservoir des Lehrens und Lernens. Neben körperlicher Kraft verlangen die Techniken **Schnelligkeit und Geschmeidigkeit der Bewegung**, den Überraschungsangriff ebenso wie die Abwehrreaktion. Dies alles zu verarbeiten, verlangt auch eine **geistige Anstrengung, erzieht also zu einer Form der körperlichen Intelligenz. Judo ist schließlich partnerschaftlich**. Nur mit einem Partner kann man üben, kann nur an ihm die eigene Kraft und Geschicklichkeit messen, muss ihn aber auch vor Verletzungen beschützen.

(abgedruckt mit freundlicher Genehmigung von Heiner Sauer)

Na, aufgepasst ?

Dann kannst du sicher die folgenden Fragen jetzt sofort beantworten:

1. Wie hieß der Begründer des Judo?

2. Wer waren die Samurai?

3. Was muss ein Judoka alles lernen?

5.6 Grüngurt

TANI OTOSHI (Talfallzug)

Aufgabe 1

Aus welcher Wurfphase stammt der Bildausschnitt? Beschreibe kurz, was du siehst. Warum ist dieser Teil so wichtig für den Wurf?

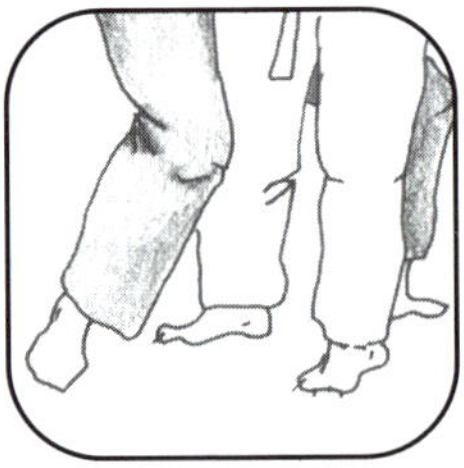

____

____

____

____

Aufgabe 2

Der Wurf ist hier als Verteidigung gegen einen Hüftwurf dargestellt (Konterwurf). Wie könnte man ihn als Angriffstechnik verwenden?

____

____

____

____

Aufgabe 3

Zu welchen Würfen gehören die Bilder 1 und 2? Beschreibe kurz die Einzelheiten, die ähnlich sind, und dann die Unterschiede.

____

____

____

____

____

____

Aufgabe 4

Dein kleines Wörterbuch: Was heißt TANI, OTOSHI, MAKI KOMI und KO auf Deutsch?

TANI = ______________ MAKI KOMI = ______________

OTOSHI = ______________ KO = ______________

YOKO OTOSHI (Seitliches Stürzen)

Der Wurf

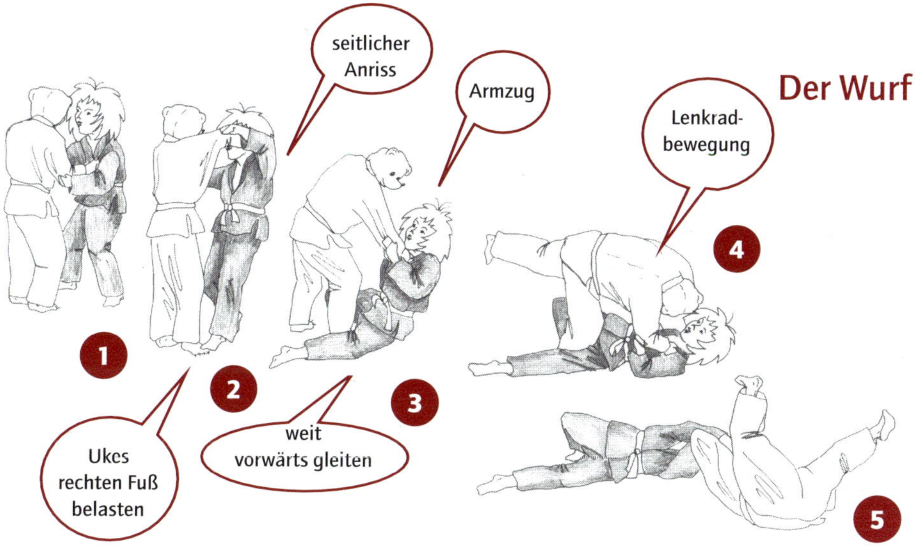

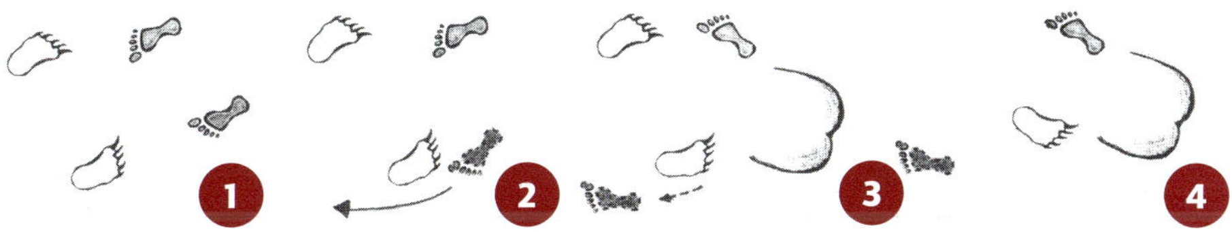

Anriss, seitlich vorwärts gleiten, gelenkt dem Wurf den Weg bereiten: Dein Partner macht dann eine tolle, schöne, weite Judorolle!

ZUM MITLESEN:

Rechtsfassart und Parallelstand. Durch Anreißen veranlasst du den Partner, mit seinem rechten Fuß schräg vorwärts zu kommen und sein Gewicht dorthin zu verlagern.
Dein Fuß gleitet nun seitlich am Partner nach vorn, sodass die Innenseite deines Oberschenkels sein vorne stehendes Bein sperrt.
Gleichzeitig ziehst du ihn am Arm nach unten. Deine Revershand drückt ihn nun, sodass deine Arme den Partner mit einer Lenkradbewegung über das Sperrbein führen.
Dein Partner vollführt eine weite seitliche Judorolle.

Tipp:
Übt vorher die Judorolle aus der Seitwärtsbewegung.

5.6 Grüngurt

YOKO OTOSHI (Seitliches Stürzen)

Aufgabe 1

Der YOKO OTOSHI gehört in die Gruppe der Selbstfalltechniken (SUTEMI WAZA). Welche anderen Selbstfalltechniken hast du schon kennen gelernt?

___

___

___

Aufgabe 2

Versuche, die dir bekannten Selbstfalltechniken in folgende Tabelle einzuordnen:

MA SUTEMI WAZA (auf dem Rücken liegend werfen)	YOKO SUTEMI WAZA (auf der Seite liegend werfen)
___	___
___	___
___	___

Aufgabe 3

Beim YOKO OTOSHI fällt dein Partner mit einer seitlichen Judorolle. Versuche, den YOKO OTOSHI abzuwandeln, sodass dein Partner wie beim TOMOE NAGE nach vorn rollt. Tipp: Du darfst dein Bein jetzt nicht neben den Partner legen, sondern ... Beschreibe kurz deinen Wurf und male die Füße beim Werfen, Stehen oder Liegen. Wo steht UKE?

Fußstellung

___

___

___

Aufgabe 4

Dein kleines Wörterbuch: Was heißt YOKO, OTOSHI, KO und O auf Deutsch?

YOKO = ___ OTOSHI = ___

KO = ___ O = ___

SUMI GAESHI (Eckenkippe)

Der Wurf

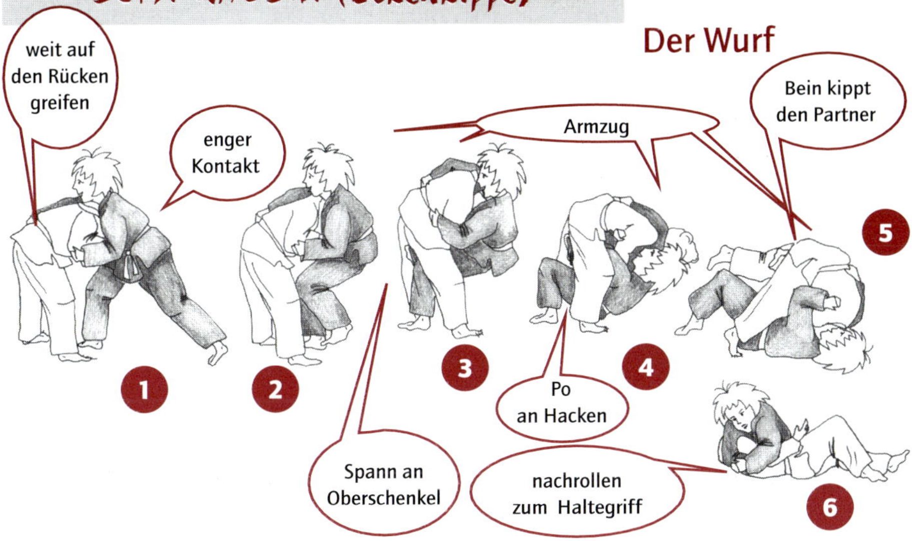

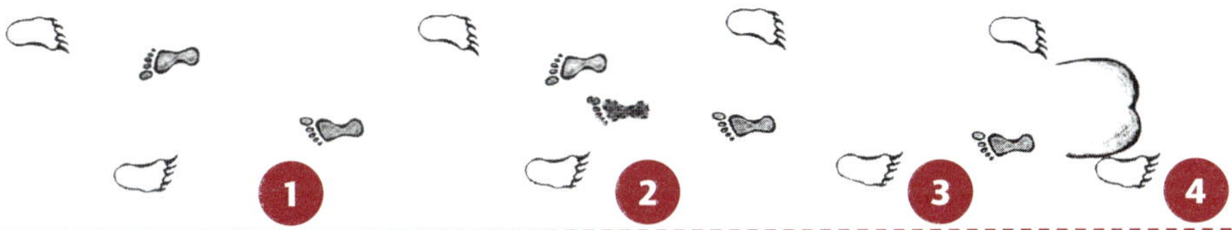

Er beugt sich ab, du greifst ihn: Schnapp, und gleitest unter ihn hinein, du ziehst, es kippt ihn vor dein Bein.

ZUM MITLESEN:

Rechtsfassart, dein Partner beugt sich stark ab. Du greifst mit der Revershand am Kopf vorbei weit über den Rücken bis an den Gürtel, gleichzeitig trittst du rechts vor, um einen engen Kontakt zwischen deiner Achsel und der Schulter deines Partners aufzubauen. Dazu ziehst du ihn heran (Arm anbeugen). Nun setzt du unter ständigem Zug dein anderes Bein zwischen die Beine des Partners. Dein Spielbein setzt du mit dem Spann des Fußes an die Innenseite seines Oberschenkels. Dabei pendelt dein Körper unter den Partner (Po an Hacken). Du setzt den Zug fort und dein Spielbein kippt ihn in die Vorwärtsbewegung, sodass ihr zusammen wie ein Ball rollt. Dein Partner nimmt das Kinn gut auf die Brust und macht eine Rolle vorwärts, so ist sein Kopf geschützt! Du behältst deine Fassart bei und schließt einen Haltegriff an.

5.6 Grüngurt

SUMI GAESHI (Eckenkippe)

Aufgabe 1

Welche Ausgangssituation ist günstig für den SUMI GAESHI?

____

____

____

Aufgabe 2

Zu welchen Würfen gehören die Bilder **1** und **2**? Beschreibe kurz Gemeinsamkeiten und Unterschiede.

____

____

____

Aufgabe 3

Neben den MA - und YOKO SUTEMI WAZA gibt es noch drei weitere Wurfgruppen: TE WAZA (Handtechniken), ASHI WAZA (Fußtechniken) und KOSHI WAZA (Hüfttechniken). In welche Gruppe lässt sich der SUMI GAESHI einordnen?

____

Aufgabe 4

Was hat der SUMI GAESHI mit einem Ball gemeinsam?

____

____

____

Aufgabe 5

Dein kleines Wörterbuch: Was heißen die folgenden Wörter auf Deutsch?

TE	= ______________	WAZA	= ______________
SUTEMI	= ______________	SUMI	= ______________
ASHI	= ______________	KOSHI	= ______________

HANE GOSHI (Spring-Hüftwurf)

Der Wurf

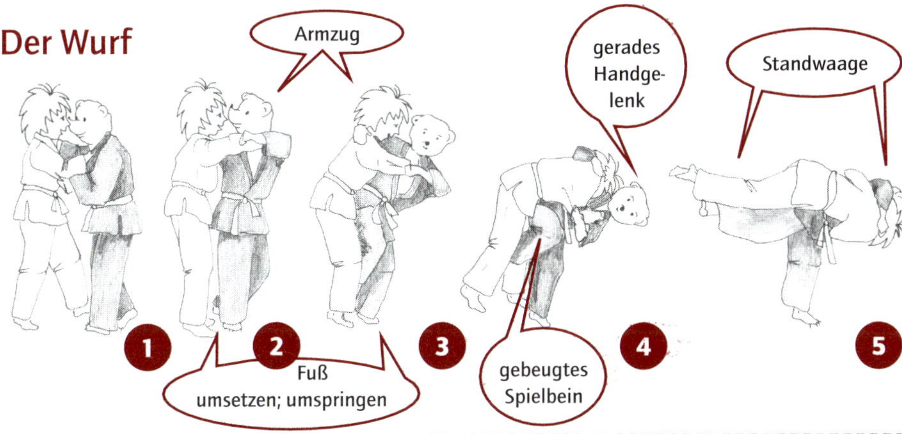

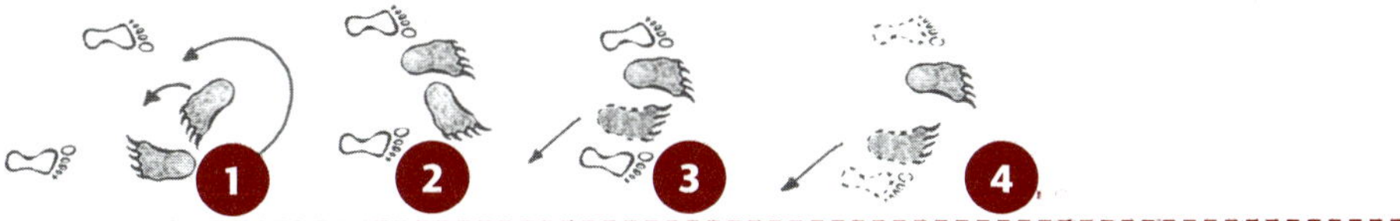

KODOKAN-Eingang vorbereiten, im Sprung eng an ihn gleiten, du ziehst und dein gebeugtes Bein drückt in die Standwaage hinein!

ZUM MITLESEN:

Nackenreversfassart rechts. Du wirfst diesen Wurf aus der Rückwärtsbewegung, indem du den rechten Fuß zurück und einwärts gedreht setzt (nur Fußballen aufsetzen) und sodann den linken Fuß im engen Halbkreis herumschwingst. Dein Standbein sollte hinter dein späteres Fegebein nur mit dem Fußballen aufgesetzt werden. In den Gummiknien gleitest du in diese Bewegung hinein (KODOKAN-Eingang rückwärts). Nach einiger Übung kannst du diese Schritte als Sprung ausführen. Gleichzeitig reißt du mit den Armen den Partner stark an (auf die Uhr schauen), um sein Gleichgewicht zu brechen und mit deiner gesamten Körperseite Kontakt zum Partner herzustellen. Dein Handgelenk im Nacken deines Partners bleibt dabei gerade. Unter starkem Armzug beugst du dich ab und drückst nun mit dem gebeugten Spielbein an seinen Innenschenkel nach außen oben bis in die Standwaage. Gleichzeitig dreht sich dein Oberkörper zum Abwerfen.

5.6 Grüngurt

HANE GOSHI (Spring-Hüftwurf)

Aufgabe 1

Aus welcher Wurfphase stammt der Bildausschnitt? Beschreibe kurz die Beinbewegung beim HANE GOSHI.

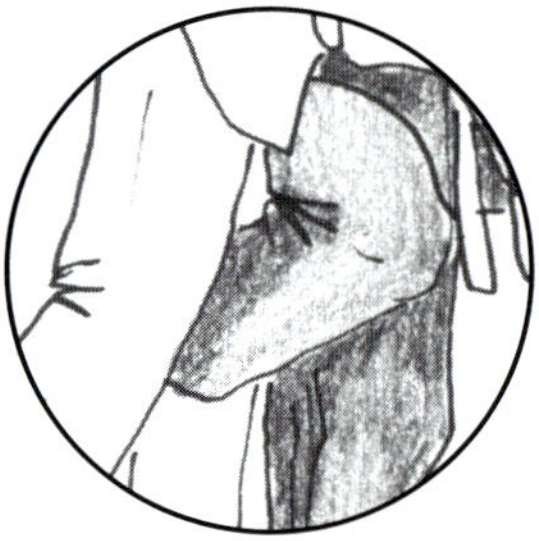

Aufgabe 2

Zu welchen Würfen gehören die Bilder 1 und 2?
Beschreibe kurz die Einzelheiten, die ähnlich sind, und dann die Unterschiede.

Aufgabe 3

Der HANE GOSHI zählt zu den KOSHI WAZA. Welche anderen KOSHI WAZA hast du bisher kennen gelernt?

Aufgabe 4

Dein kleines Wörterbuch: Was heißt GAKE, GARI, GOSHI und GAESHI auf Deutsch?

GAKE = ______________________ GARI = ______________________

GOSHI = ______________________ GAESHI = ______________________

DER GÜRTEL HÄLT DIE JACKE ZUSAMMEN

So, nun bist du also so weit und willst demnächst deine Prüfung zum Grüngurt ablegen. Die Techniken „sitzen", und trotz ein bisschen Lampenfieber meinst du doch, du kannst nun schon eine ganze Menge. Vom weißen hast du dich über den weißgelben, gelben, gelborangen bis zum orangen Gürtel vorgearbeitet und insgeheim bist du ganz sicher, dass auch möglichst bald der blaue und braune Gürtel folgen sollten ...

Aber hast du dir einmal überlegt, was dein Körper alles in dieser Zeit gelernt und geleistet hat? Du konntest vielleicht nicht einmal eine Rolle vorwärts, als du angefangen hast, und mit viel Ermunterung hat dir das dein Übungsleiter beigebracht. Heute turnst du zum Spaß und zum Aufwärmen alles, was so verlangt wird, vom beiderseitigen Rad angefangen, oder? Du hast **Kraft** aufgebaut und allmählich **Körperspannung** bekommen, um diese Übungen auszuführen, und hast neue **Bewegungsabläufe** gelernt. Dabei sind dann ganz langsam auch deine **Judotechniken feiner** und besser geworden, und heute fällt dir leicht, was du zu Beginn trotz aller Anstrengung nicht hinbekommen hast.

Aber du hast auch gelernt, dass man für all diese Übungen einen guten **Partner** zum beiderseitigen Lernen braucht, dem gegenüber man die größtmögliche **Rücksicht** und Höflichkeit walten lässt. Das fängt bei den kurz geschnittenen Fingernägeln und sauberen Füßen auf der Matte an, weil man sich und andere ja nicht verletzen will. Auch ein sauberer Judoanzug gehört dazu, keiner übt schließlich gern mit einem leicht vor sich hin möffelnden Schmutzfinken ... Beim Techniktraining habt ihr gelernt, geduldig und freundlich miteinander zu arbeiten. Nur, wenn ihr euch gegenseitig helft und respektiert, werdet ihr beide den größtmöglichen Fortschritt in euren Techniken erreichen. Und du hast natürlich nun auch deinerseits die Verpflichtung, Jüngeren freundlich und höflich zu begegnen und ihnen zu helfen.

Beim Wettkampf ist das freilich etwas anderes und du wirst nun bald merken, dass deine Gegner bei allem Respekt vor deinem schönen neuen Gürtel besondere Anstrengung daransetzen werden, dich zu werfen – speziell, wenn sie noch nicht so weit sind, wie du an ihrem Gürtel leicht erkennen kannst ... Auch jüngere Kämpfer können vielleicht mehr, als du ahnst, also unterschätze keinen. Verlass dich nicht auf deinen Gürtel: Wichtig ist, was **in** der Jacke steckt, die er zusammenhält!

Teste dein neues Wissen: Hier sind Wurfbezeichnungen völlig durcheinander geraten. Kannst du sie korrigieren (**Tipp:** Streiche die bereits benutzten Silben ab! Es müssen acht Würfe sein!)?
KO SOTO ASHI – SASAE SEOI GAESHI – SUMI GARI – TAI UCHI BARAI – O UCHI NAGE –TSURI KOMI OTOSHI – GOSHI MATA – O IPPON.

5.7 Blaugurt

ASHI UCHI MATA (Innenschenkelwurf am Bein)

Der Wurf

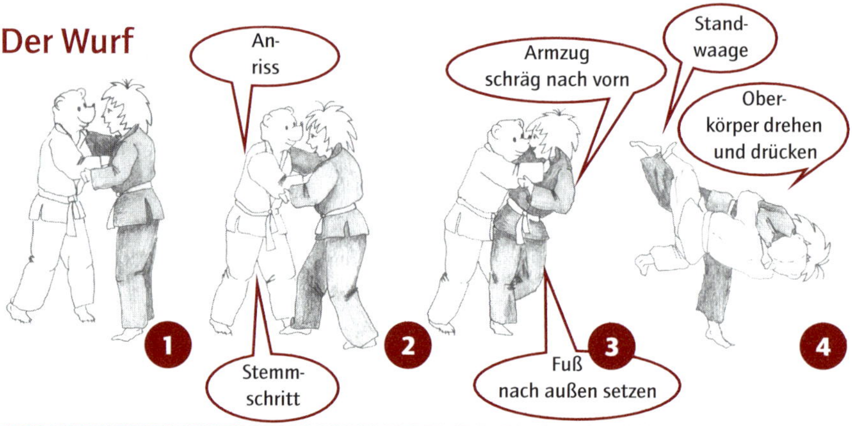

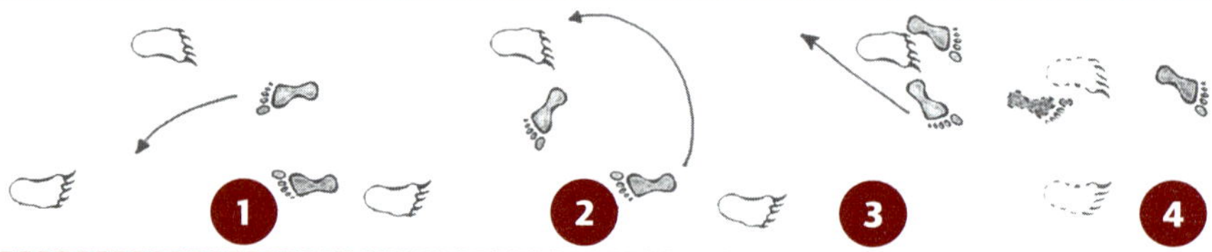

ZUM MITLESEN:

Du wirfst diesen Wurf aus der Nackenreversfassart rechts. Dein Partner kommt mit dem linken Fuß nach vorne. Jetzt setzt du dein rechtes Bein in einem Stemmschritt nach vorn neben das vorstehende Bein deines Partners. Gleichzeitig erfolgt ein kräftiger Anriss. Dein anderes Bein schwingt herum und wird außen neben das vorstehende Bein des Partners aufgesetzt. Unter fortgesetztem kräftigen Armzug schräg nach vorn fegt nun das zwischen den Füßen stehende Bein zur Standwaage nach oben. Im Gegensatz zum KOSHI UCHI Mata wird hierbei das linke Bein des Partners vom Unterschenkel zur Oberschenkelinnenseite hin von unten nach oben gefegt. Deine Revershand unterstützt deinen Armzug, indem sie den Partner im Kreisbogen um sich herumdrückt. Vergiss dabei die Oberkörperdrehung nicht, um den Partner abzukippen. Er gleitet wie um eine Stange herum von dir ab.

Tipp für Fortgeschrittene:

Fällt dein Partner nicht beim ersten Ansatz, so hüpfst du in der Standwaage unter Beibehaltung von Zug und Druck enger an ihn heran (unaufhörlicher Angriff im KEN-KEN UCHI MATA).

Anriss, Stemmschritt, Standbein raus, dann hoch zur Standwaage hinaus!

Aufgabe 1

Vergleiche ASHI UCHI MATA und KOSHI UCHI MATA: Welches Bild stellt welchen der beiden Würfe dar? Welches Bein wird gefegt? Wie wird das Standbein gesetzt?

___

___

___

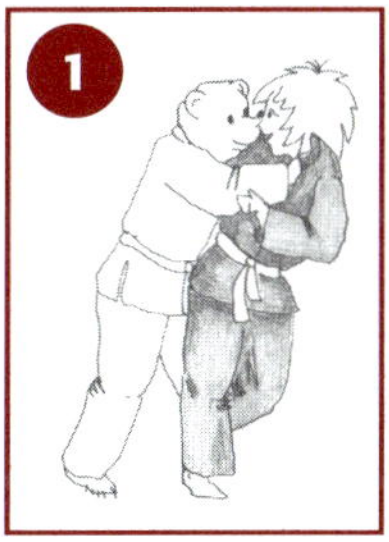

Aufgabe 2

Du setzt einen ASHI UCHI MATA an, kannst deinen Partner aber nicht werfen. Mit welchen Techniken kannst du deinen Angriff fortführen?

___

___

___

___

Aufgabe 3

Welche Möglichkeiten gibt es zur Vorbereitung von ASHI UCHI MATA? Aus welcher vorbereitenden Bewegung (vorwärts, rückwärts, Kreis) kann er am besten geworfen werden? Welche vorbereitenden Techniken gibt es?

___

___

___

___

Aufgabe 4

Dein kleines Wörterbuch: Was heißt ASHI, UCHI, SOTO und SASAE auf Deutsch?

ASHI = ____________ UCHI = ____________

SOTO = ____________ SASAE = ____________

5.7 Blaugurt

O UCHI GARI (mit Beinfassen)
(Große Innensichel mit Beinfassen)

Der Wurf

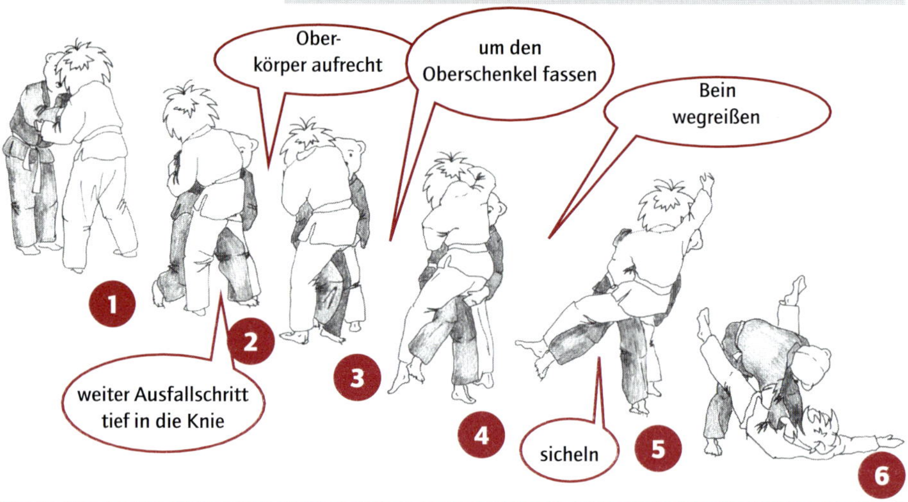

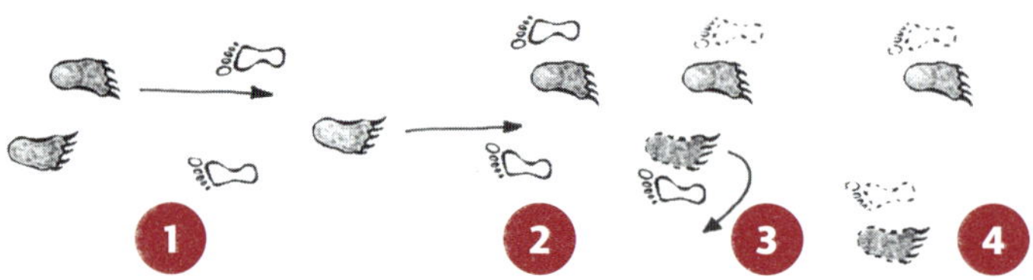

Tritt weit hinein, reiß weg das Bein, gesichelt und schon fällt er rein!

ZUM MITLESEN:

Ausgangssituation: Rechtsfassart und Parallelstand.
Mit einem großen Ausfallschritt nach vorn tauchst du unter der Revershand des Partners durch und trittst mit dem linken Bein zwischen die Beine des Partners. Dabei gehst du tief in die Knie und dein Oberkörper bleibt aufrecht, damit du engen Kontakt zum Partner bekommst.
Deine linke Hand fasst von außen um das Bein des Partners herum und reißt kräftig das Standbein des Partners nach vorn weg, während du mit dem anderen Bein zum O UCHI GARI nachsetzt.
Du drückst den Partner dabei mit der Revershand nach hinten.

Aufgabe 1

Aus welcher Wurfphase stammt der Bildausschnitt? Beschreibe kurz, was du siehst.

____

____

____

____

Aufgabe 2

Du willst einen O UCHI GARI mit Beinfassen werfen. Dein Partner stemmt sich dabei aber stark nach vorn, sodass du nicht nach hinten werfen kannst. Welche Wurfmöglichkeiten stehen dir jetzt zur Verfügung?

____

____

____

____

Aufgabe 3

Zu welchen Würfen gehören die Bilder 1 und 2? Beschreibe kurz die Einzelheiten, die ähnlich sind, und dann die Unterschiede.

____

____

____

____

Aufgabe 4

Dein kleines Wörterbuch: Was heißt BARAI, GAESHI, ASHI und GARI auf Deutsch?

BARAI = ____________________ ASHI = ____________________

GAESHI = ____________________ GARI = ____________________

5.7 Blaugurt

KATA ASHI DORI
(ein Bein wegreißen)

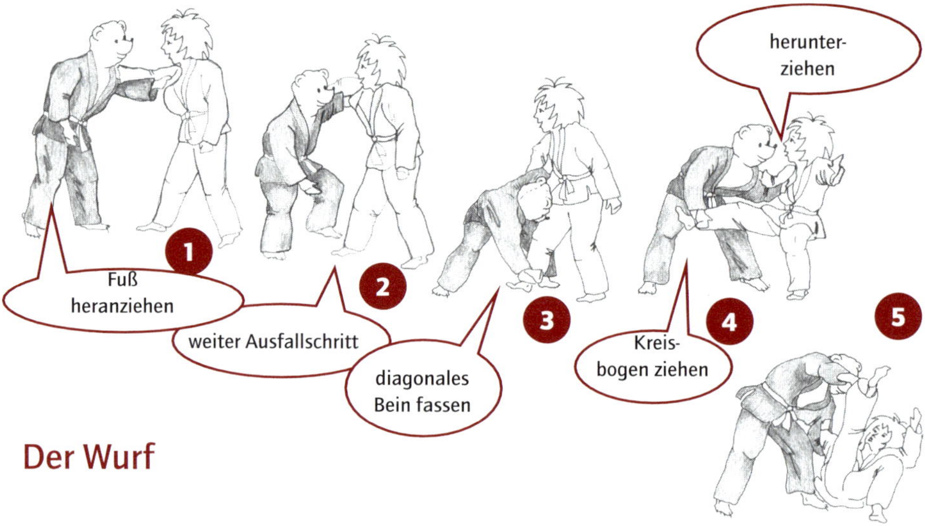

Der Wurf

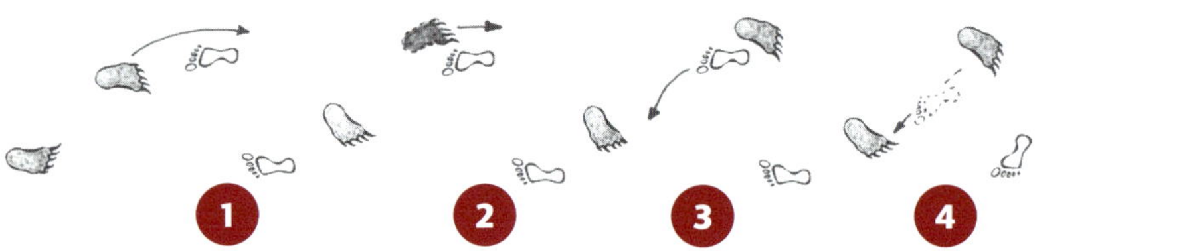

> **Fuß heran und Ausfallschritt, Bein gefasst, die Hand hilft mit, und dann vor dir lang gezogen in einem schönen weiten Bogen!**

ZUM MITLESEN:

Du stehst in Links-, dein Partner in Rechtsauslage. Du hast ihn einseitig und am linken Revers gefasst und reißt ihn an. Du ziehst den rechten Fuß heran und machst dann links einen weiten Ausfallschritt vor.
Deine rechte Hand greift gleichzeitig diagonal den vorderen Fuß deines Partners und reißt ihn im Kreisbogen an sich vorbei.
Der Kreisbogen wird fortgeführt und die Revershand zieht den Partner nach unten zur Matte.

Aufgabe 1

Beschreibe die Arbeit deiner Arme beim KATA ASHI DORI!

Aufgabe 2

Du stehst in Links-, dein Partner in Rechtsauslage, du hast ihn einseitig am Revers gefasst. Welche Möglichkeiten ergeben sich aus dieser Ausgangssituation?

Aufgabe 3

Zu welchen Würfen gehören die Bilder 1 und 2? Beschreibe kurz die Einzelheiten, die ähnlich sind, und dann die Unterschiede.

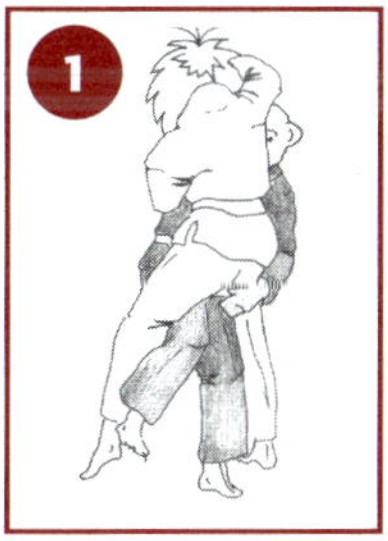

Aufgabe 4

Dein kleines Wörterbuch: Was heißt UKEMI, WAZA, UCHI KOMI und OSAE KOMI auf Deutsch?

UKEMI = ____________ UCHI KOMI= ____________

WAZA = ____________ OSAE KOMI= ____________

5.7 Blaugurt

KUCHIKI TAOSHI
(einen morschen Baum umdrücken)

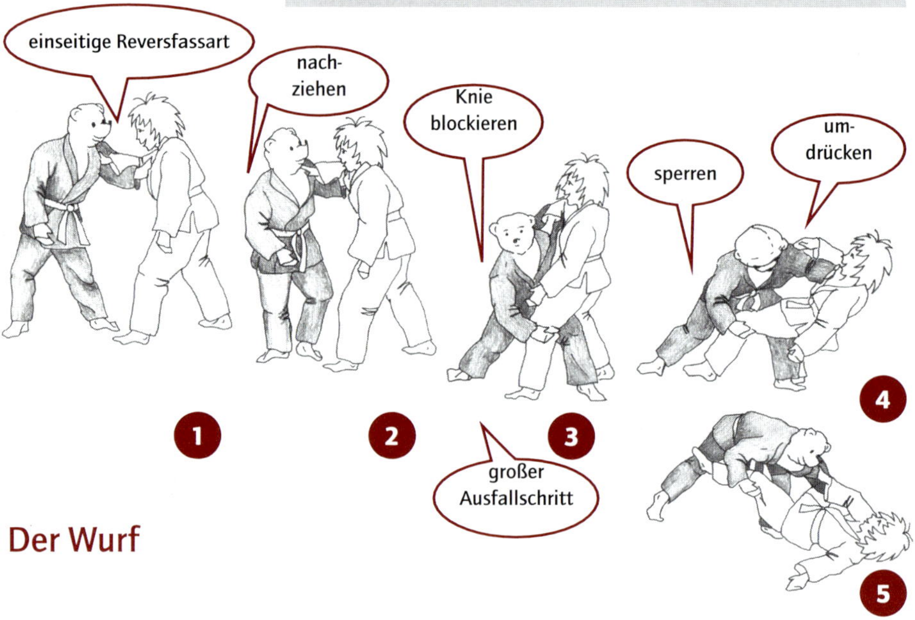

Der Wurf

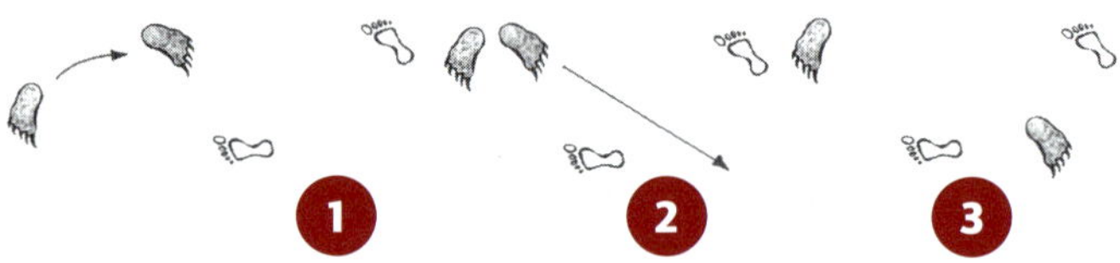

An ihn heran im Ausfallschritt – du drückst und sperrst, er fällt damit!

ZUM MITLESEN:

Ihr steht in der Linksauslage, du hast in einseitiger Reversfassart zugegriffen.
Du reißt den Partner an und ziehst gleichzeitig dein rechtes Bein nach. Dein Partner reagiert nach hinten und du nutzt seine Bewegung, um in einem großen Ausfallschritt (tief in den Knien) nach vorn zwischen seine Beine zu treten. Gleichzeitig blockierst du sein Knie mit deiner freien Hand (in die Kniekehle fassen) und drückst ihn mit der Revershand kräftig nach hinten um.

5.7 Blaugurt

Aufgabe 1

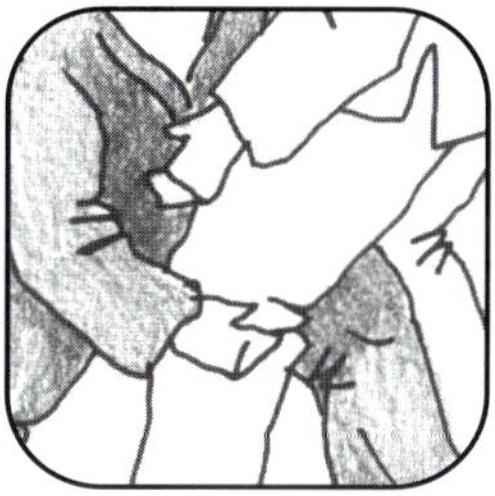

Warum ist das links gezeigte Detail für den Wurf wichtig? Aus welcher Wurfphase stammt es? Woher hat der Wurf wohl seinen seltsamen Namen?

____

____

____

Aufgabe 2

Vergleiche KUCHIKI TAOSHI und KATA ASHI DORI: Welches Bild stellt welchen der beiden Würfe dar? Wo liegen die Ähnlichkeiten und die Unterschiede zwischen den beiden Würfen?

____

____

____

____

____

____

Aufgabe 3

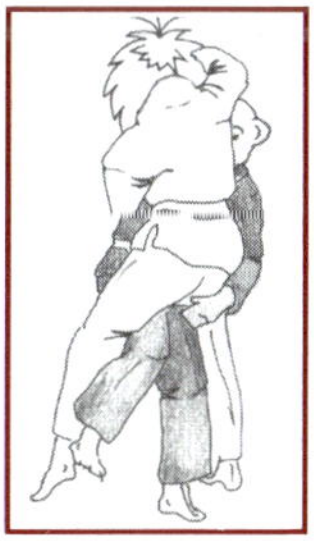

Du hast den KUCHIKI TAOSHI kennen gelernt. Überlege, wie eine Verknüpfung des Wurfes mit dem KO UCHI GARI als KO UCHI TAOSHI aussehen könnte (Tipp: Erinnere dich zum Vergleich (siehe Bild), dass du vor kurzem den KATA ASHI DORI in einer Verknüpfung allerdings mit O UCHI GARI kennen gelernt hast.)!

____

____

Aufgabe 4

Dein kleines Wörterbuch: Was heißen die folgenden Wörter auf Deutsch?

KUCHIKI = ____________________ DORI = ____________________

TAOSHI = ____________________ ASHI = ____________________

5.7 Blaugurt

USHIRO GOSHI (Hüftgegenwurf)

Der Wurf

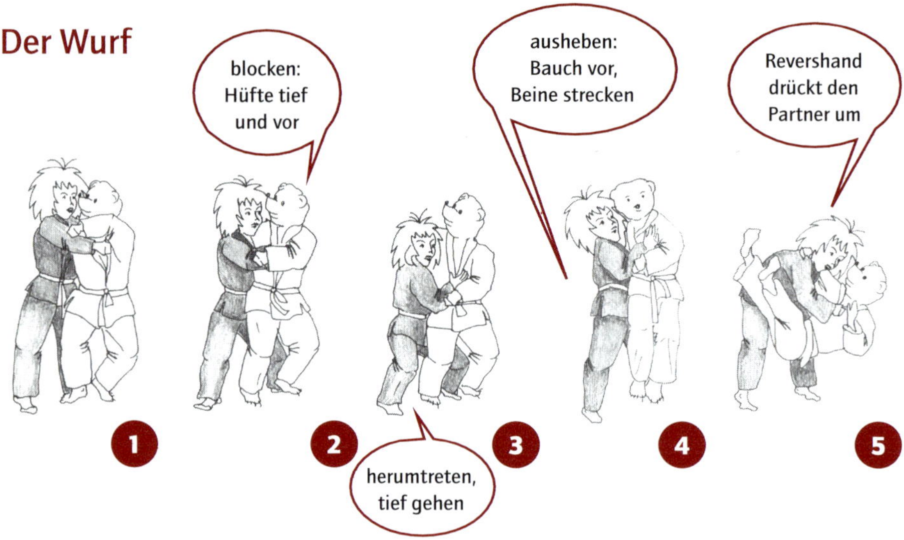

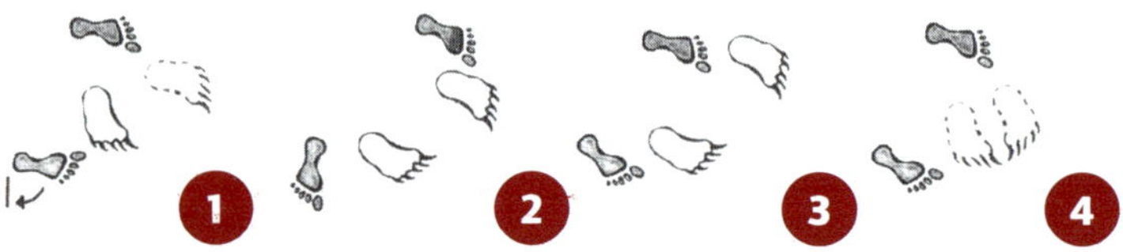

> **Er hat zum Hüftwurf angesetzt, du blockst mit tiefer Hüfte jetzt, du trittst herum und hebst ihn aus: tief geh'n, Bein streckt, Bauch heraus!**

ZUM MITLESEN:

Rechtsfassart. Dein Partner hat einen Hüftwurf eingedreht. Du blockst, indem du in die Knie gehst und deine linke Hüfte gegen den Po des Partners schiebst. Du fasst von hinten um die Hüfte des Partners. Dein rechtes Bein tritt nach vorne um ihn herum. Du gehst tief in die Knie, um mit deiner Hüfte unter seinen Schwerpunkt zu kommen.

Durch Strecken der Beine und Vorschieben des Bauches hebst du den Partner aus und drückst ihn mit der Revershand nach hinten um, sodass er vor dir auf dem Rücken landet. Zusätzlich kannst du mit deinem linken Fuß beim Wurf einen Schritt zurückgehen, um ihm Platz zum Fallen zu geben.

Aufgabe 1

Gegen welche Würfe kannst du diesen Wurf als Kontertechnik einsetzen?

Aufgabe 2

Beschreibe das Blocken! Welche Einzelheiten sind für eine erfolgreiche Blockbewegung notwendig?

Aufgabe 3

Beschreibe die Bewegung, die du zum Heben vollführen musst! Was musst du besonders beachten, damit du erfolgreich ausheben kannst?

Aufgabe 4

Dein kleines Wörterbuch: Was heißt USHIRO, GOSHI, KOSHI und O auf Deutsch?

USHIRO = ____________ O = ____________

KOSHI = ____________ GOSHI = ____________

5.7 Blaugurt

UTSURI GOSHI (Wechselhüftwurf)

Der Wurf

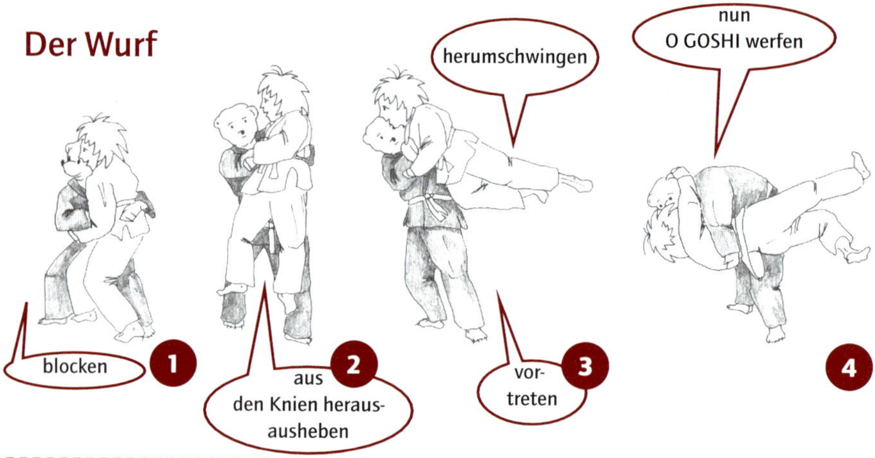

Er setzt zu einem Hüftwurf an, du blockst, damit er das nicht kann. Bauch vor! Du hebst ihn in die Lüfte und schwingst ihn flugs um deine Hüfte. Dann trittst du vor und legst ihn knapp durch Drehung auf der Matte ab.

ZUM MITLESEN:

Dein Partner dreht eine Hüfttechnik rechts ein. Du trittst herum und gleitest tief in die Knie unter seinen Schwerpunkt und stoppst seinen Wurfansatz mit der Hüfte (blocken). Gleichzeitig fasst dein linker Arm um die Hüfte des Partners, deine rechte Hand an seinen Bauch. Du ziehst ihn dabei eng heran. Aus den Knien heraus (Hüfte vor!) stemmst du den Partner aufwärts und schwingst mit einer Lenkradbewegung seine Beine nach hinten-oben. Du bringst nun deine linke Hüfte vor und setzt den Fuß vor wie zu einem O GOSHI. Nun wirfst du ihn ab, indem du den Oberkörper drehst und abbeugst – und den Armzug dabei nicht vergisst.

Tipp:

Anfangs hilft es, wenn der Partner mitspringt.

Aufgabe 1

Aus welcher Wurfphase stammt der Bildausschnitt? Beschreibe kurz, was du siehst.

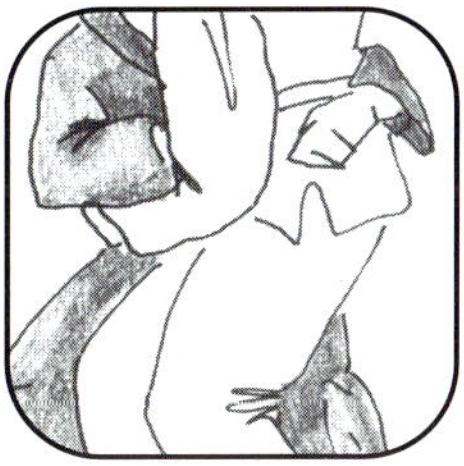

Aufgabe 2

Du wirfst einen UTSURI GOSHI. Beschreibe, wie du deine Hüfte beim Blocken, Stemmen und Abwerfen einsetzt.

Aufgabe 3

Zu welchen Würfen gehören die Bilder 1 und 2? Beschreibe kurz die Einzelheiten, die ahnlich sind, und dann die Unterschiede.

Aufgabe 4

Dein kleines Wörterbuch: Was heißt UTSURI, TSURI, GOSHI und O auf Deutsch?

UTSURI = ______________ T SURI = ______________

GOSHI = ______________ O = ______________

5.7 Blaugurt

TE GURUMA (Handrad)

Der Wurf

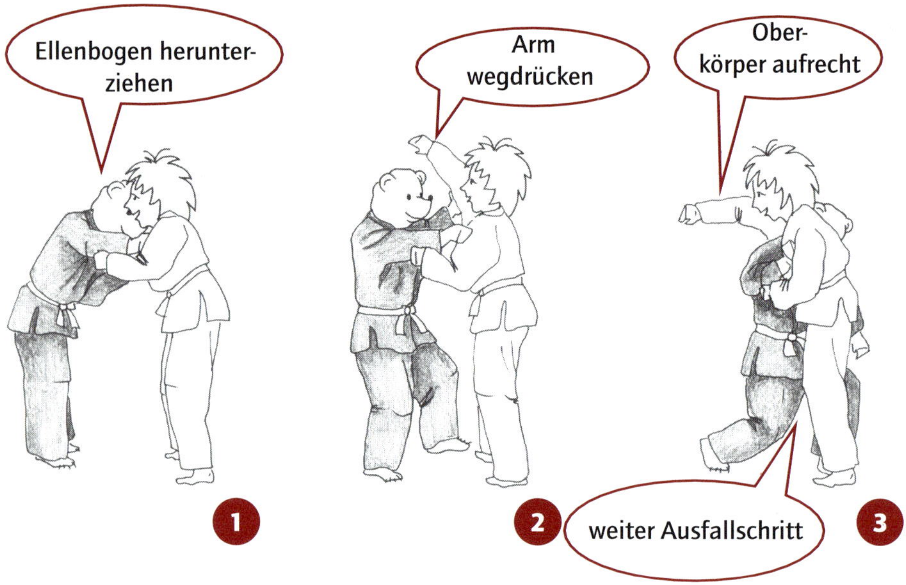

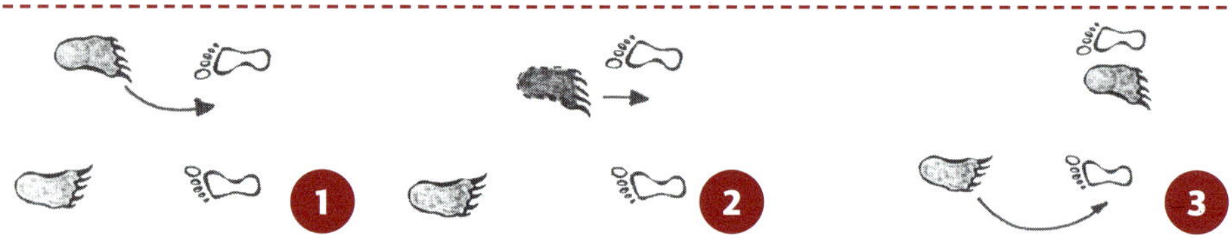

ZUM MITLESEN:

Ausgangsposition: Rechtsfassart und Parallelstand. Dein Partner hat mit der rechten Hand im Nackenrevers gefasst. Du ziehst seinen Ellenbogen stark nach unten. Wenn seine Gegenreaktion nach oben kommt, drückst du seinen Arm von unten nach oben weg. Mit deinem Kopf und Arm tauchst du unter seinem Arm durch, während dein gleichseitiges Bein einen großen Ausfallschritt zwischen die Beine des Partners macht. Achtung: Gerader Rücken, aufrecht bleiben! Du fasst nun von außen um den Oberschenkel des Partners, dein Nacken hält engen Kontakt zu seiner Achsel. Du hebst ihn aus den Beinen heraus, indem du dein hinteres Bein heranholst und den Bauch nach vorn bringst. Deine Arme machen eine Lenkradbewegung, um ihn vor dir auf den Rücken abzukippen.

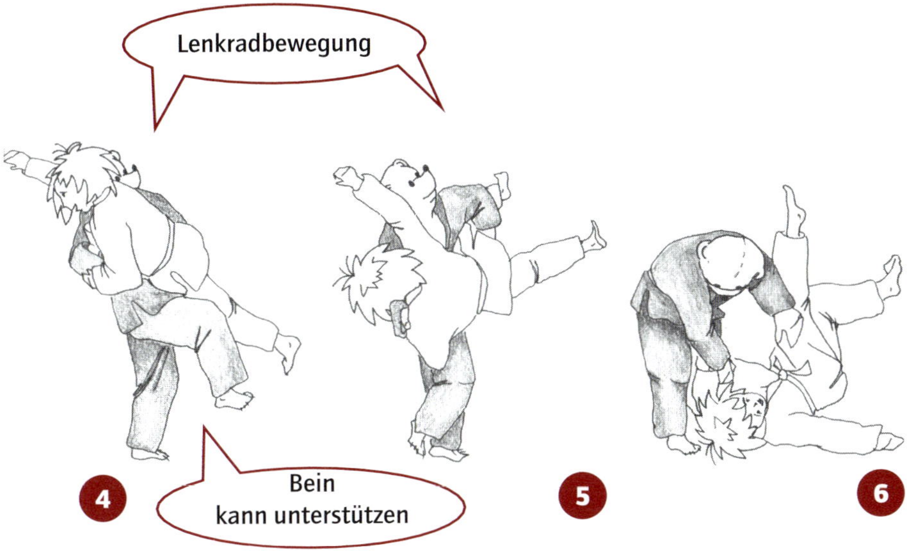

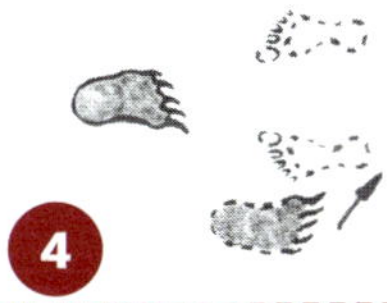

Tipp für Fortgeschrittene:
Versuche, das Bein, das von hinten nachgezogen wird, einzusetzen, um die Lenkradbewegung der Arme zu unterstützen (seine Beine mit wegzufegen).

Du führst den Partner dabei bis zur Matte.

Zieh den Ellenbogen an
und drück den Arm nach oben.
Aufrecht tritt an ihn heran,
Bein gefasst und ausgehoben.
Lenke dann mit Druck und Zug
in die Matte seinen Flug!

5.7 Blaugurt

TE GURUMA (Handrad)

Aufgabe 1

Vergleiche Bild 1 und Bild 2: Welche Würfe stellen die beiden Bilder dar? Vergleiche Ähnlichkeiten und Unterschiede!

____

____

____

____

Aufgabe 2

Wie bereitest du den TE GURUMA vor?
Sieh dir dazu den Bildausschnitt rechts an!

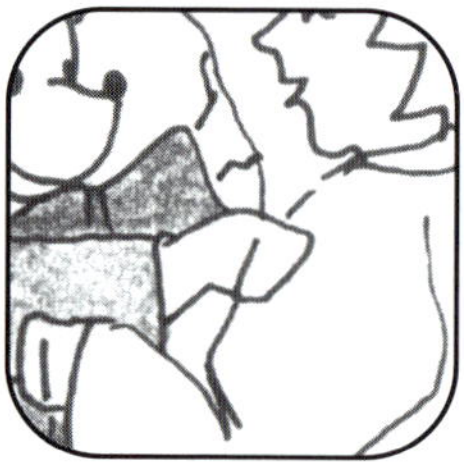

____

____

____

____

Aufgabe 3

Welche Körperteile verrichten die meiste Arbeit beim Heben, wenn du TE GURUMA wirfst?

____

____

____

____

____

Aufgabe 4

Dein kleines Wörterbuch: Was heißt TE, HARA, GURUMA und OTOSHI auf Deutsch?

TE = ______________ HARA = ______________

GURUMA = ______________ OTOSHI = ______________

TE GURUMA (ALS KONTER)
(Handrad)

Der Wurf

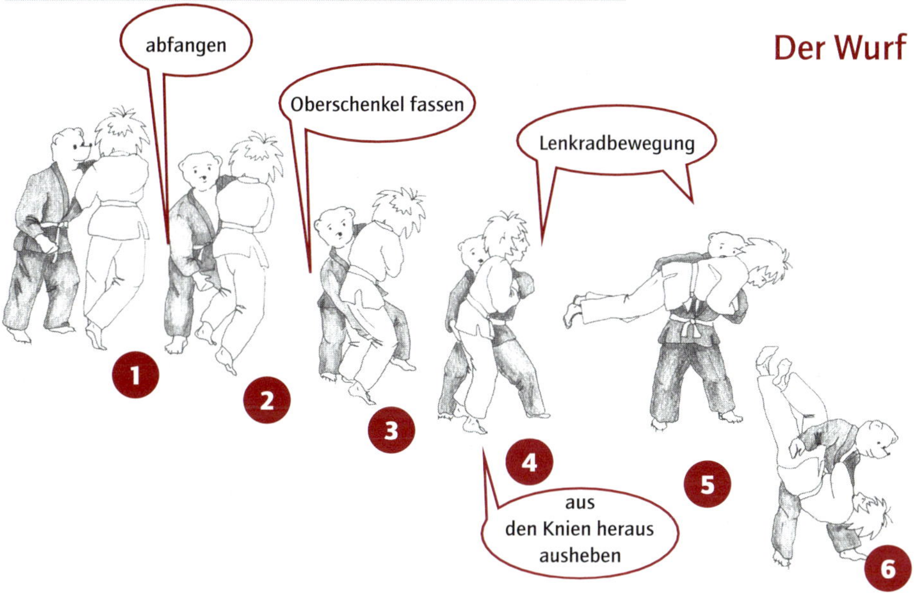

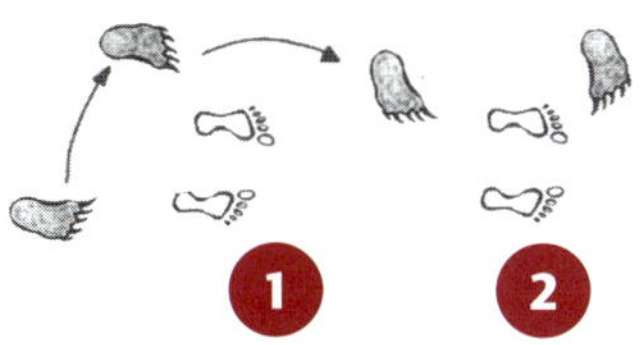

Er dreht zum SEOI NAGE ein,
geschickt erwischst du ihn am Bein,
nun heb ihn aus und wirf ihn fein
gelenkt jetzt in die Matte rein!

ZUM MITLESEN:

Ausgangssituation: Dein Partner dreht zum Beispiel SEOI NAGE links ein. Du fängst ihn mit deiner rechten Hand ab, indem du von hinten durch die Beine an den Oberschenkel fasst.

Du hebst ihn mit geradem Rücken aus den Knien heraus aus und kippst ihn mit einer Lenkradbewegung vor dir ab.

5.7 Blaugurt

TE GURUMA (ALS KONTER)
(Handrad)

Aufgabe 1

Sieh dir Bild **1** und Bild **2** an: Welche Würfe stellen die beiden Bilder dar? Vergleiche Ähnlichkeiten und Unterschiede!

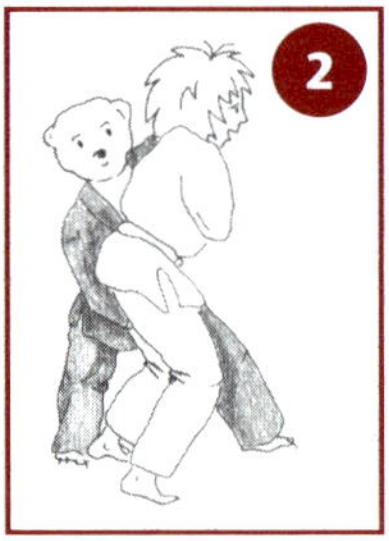

____

____

____

____

Aufgabe 2

Neben TE GURUMA gegen SEOI NAGE hast du auch schon andere Kontertechniken kennen gelernt. Eine ist auf dem nebenstehenden Bild zu sehen. Um welche handelt es sich und gegen welche Würfe könnten sie eingesetzt werden?

____

____

____

____

Aufgabe 3

Welche Körperteile verrichten die meiste Arbeit beim Heben, wenn du TE GURUMA wirfst?

____

____

____

____

Aufgabe 4

Dein kleines Wörterbuch: Was heißt SEOI, TANI, NAGE und KOSHI auf Deutsch?

TANI = ____________________ SEOI = ____________________

NAGE = ____________________ KOSHI = ____________________

ÜBUNGSFORMEN IM JUDO

Ist es dir auch schon einmal so ergangen? Da sagt der Übungsleiter auf einmal „Bitte eine Bahn UKEMI!" Alle stehen wie angewurzelt herum und keiner mag so recht anfangen. Zugeben, dass er die Anweisung nicht verstanden hat, mag aber auch keiner ... Da stehst du nun als angehender Blaugurt und sollst vormachen, während alle gespannt darauf warten, dass du die Initiative ergreifst – wenn du nur wüsstest, WIE!! Peinliche Situation, nicht? Wenn man sich nur einmal um diese verwirrenden Fachausdrücke gekümmert hätte, die es da noch so gibt ...

Dabei ist es gar nicht so schwer. „UKEMI" zum Beispiel sind die allen inzwischen wohl bekannten Fallübungen, nichts weiter. Aber da gibt es noch mehr Kauderwelsch, das man so braucht, um sich verständlich zu machen. „TANDOKU RENSHU" bedeutet Üben ohne Partner – Bewegungsabläufe und Eingänge zum Beispiel, wie du sie am Anfang des Buches findest. „UCHI KOMI" dagegen sind Wurfeindrehübungen aus vorgegebenen Situationen mit dem Partner , mit dem man sich vorher abgesprochen hat – denn wie kann man eine Technik gut erlernen, wenn sich der Partner dauernd dagegen wehrt? Bei „NAGE KOMI" wirfst du den Partner zusätzlich ab. Dem gleichen Zweck dient „YAKOSOKU GEIKO", Wurfübungen aus der freien Bewegung. Dann gibt es da noch das „RANDORI" – na, das kennst du sicher mittlerweile gut? Richtig, der Übungskampf, eine Balgerei nach Judoregeln, die man mit den bekannten, aber immer wieder wechselnden Partnern ausführt. Und sicher weißt du genau, was ein „SHIAI" ist? Der Wettkampf , sicherlich! (Mal ehrlich, wer hat jetzt überlegen müssen?) Und erst dort werdet ihr merken, welche „NAGE-WAZA" (Wurftechniken) und „NE-WAZA" (Bodentechniken) schon ganz gut klappen und welche ihr noch im Randori kräftig üben müsst, oder ob eure „KUMI KATA" (Fassart) und das „KUZUSHI" (Gleichgewichtbrechen, Anriss) noch Schwächen zeigt ...

So und zum Üben deckt ihr jetzt mal diese obere Hälfte der Seite ab (nicht mogeln!) und versucht, euch zu erinnern. Was war doch gleich:

UCHI KOMI ____________	NAGE -WAZA ____________
SHIAI ____________	KUMI KATA ____________
RANDORI ____________	TANDOKU RENSHU ____________
UKEMI ____________	NE-WAZA ____________
YAKOSOKU GEIKO____________	KUZUSHI ____________
NAGE KOMI ____________	

5.8 Braungurt

ASHI GURUMA (Beinrad)

Der Wurf

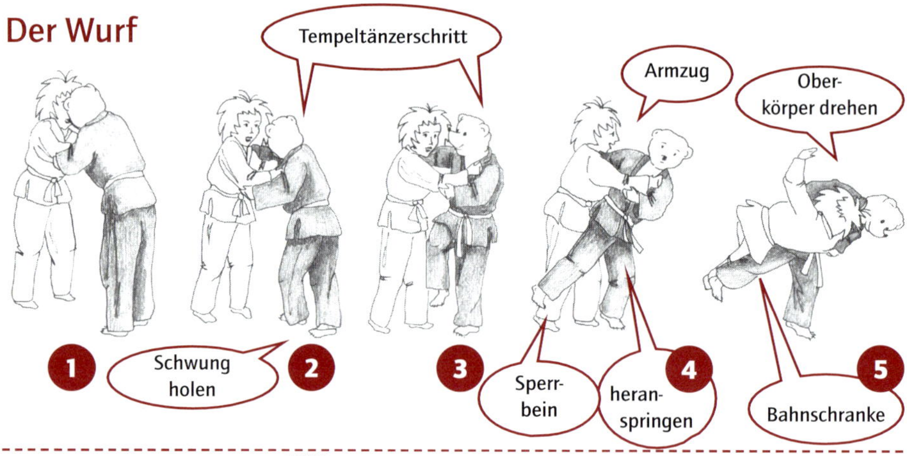

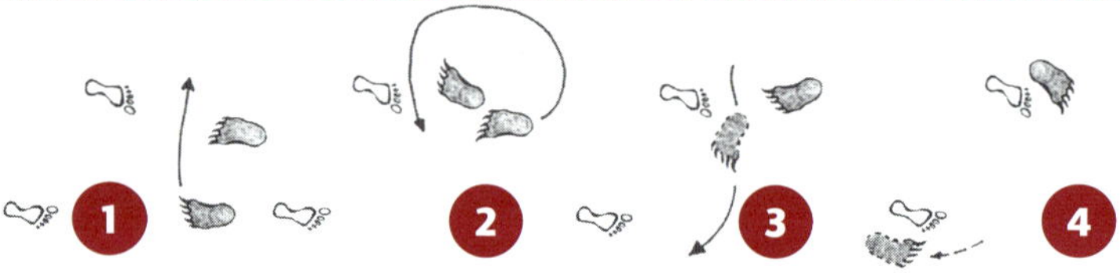

Im weiten Tempeltänzer-schritt holst du Schwung und springst damit seitlich an den Partner ran, Sperrbein schräg, er fällt sodann!

ZUM MITLESEN:

Für diesen Wurf brauchst du viel Schwung. Du kannst ihn daher am besten aus der Kreisbewegung oder mit dem KAWAISHI-Eingang werfen.

Hier beginnen wir aus der Rechtsfassart. Zum KAWAISHI-Eingang setzt du den linken Fuß seitwärts über Kreuz vor, sodass die Zehen zum Partner zeigen, um eine große Spannung in der Hüfte aufzubauen (Tempeltänzerschritt). Mit dem rechten Fuß holst du jetzt in einer weiten Kreisbewegung viel Schwung, um dich vor dem Partner mit einem Sprung deines Standbeins an ihn heran einzudrehen. Dein Standbein landet seitlich vom Partner. Vergiss dabei den Armzug nach schräg-vorne nicht. Dein Schwungbein hältst du dabei lang als Sperre vor die Beine des Partners. Dein Oberkörper kippt nun seitlich ab. Du wirfst ihn durch starken Armzug und Oberkörperdrehung über dein Bahnschrankenbein.

Aufgabe 1
Du hast den KAWAISHI-Eingang neu kennen gelernt. Welche Eingänge gibt es noch? Beschreibe sie kurz!

Aufgabe 2
Welche Techniken kennst du noch, in denen das Wort GURUMA vorkommt? Was haben diese Techniken alle gemeinsam?

Aufgabe 3
Zu welchen Würfen gehören die Bilder 1 und 2? Beschreibe kurz die Einzelheiten, die ähnlich sind, und dann die Unterschiede.

Aufgabe 4
Dein kleines Wörterbuch: Was heißen die folgenden Wörter auf Deutsch?

BARAI = ____________ GARI = ____________
HARAI = ____________ GAKE = ____________
GAESHI = ____________ SASAE = ____________

5.8 Braungurt

O GURUMA (Großes Rad)

Der Wurf

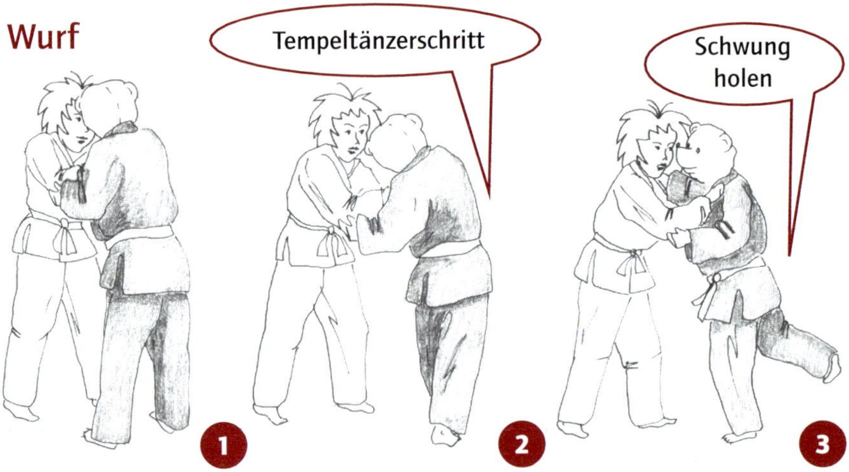

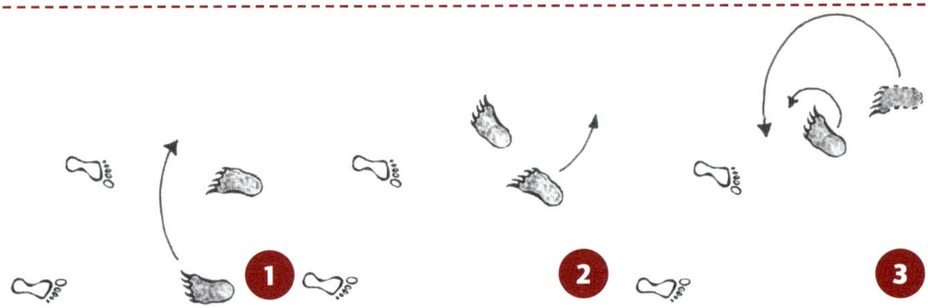

Im weiten Tempeltänzerschritt holst du Schwung und springst damit seitlich an den Partner ran, Bahnschranke zu, er fällt sodann!

ZUM MITLESEN:

Für diesen Wurf brauchst du viel Schwung. Du kannst ihn daher am besten aus der Kreisbewegung oder mit dem KAWAISHI-Eingang werfen.

Hier beginnen wir aus der Rechtsfassart. Zum KAWAISHI-Eingang setzt du den linken Fuß seitwärts über Kreuz vor, sodass die Zehen zum Partner zeigen, um eine große Spannung in der Hüfte aufzubauen (Tempeltänzerschritt). Mit dem rechten Fuß holst du jetzt in einer weiten Kreisbe-

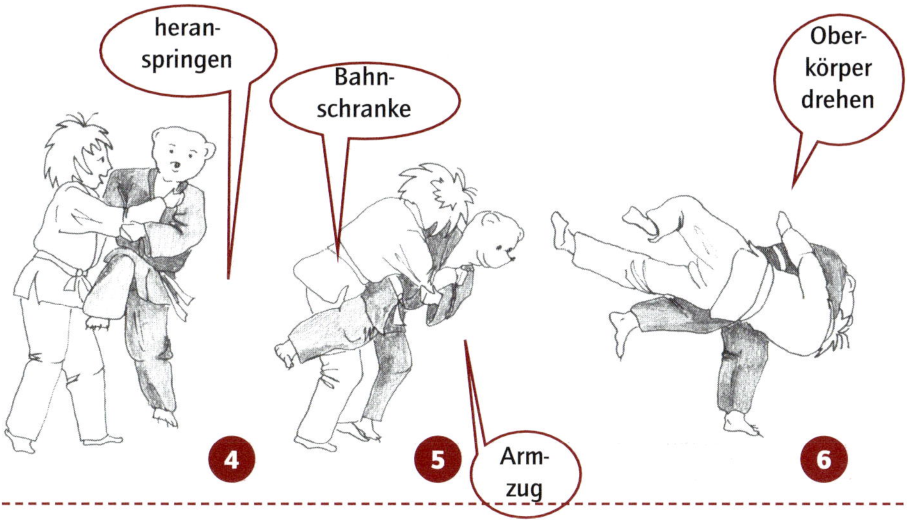

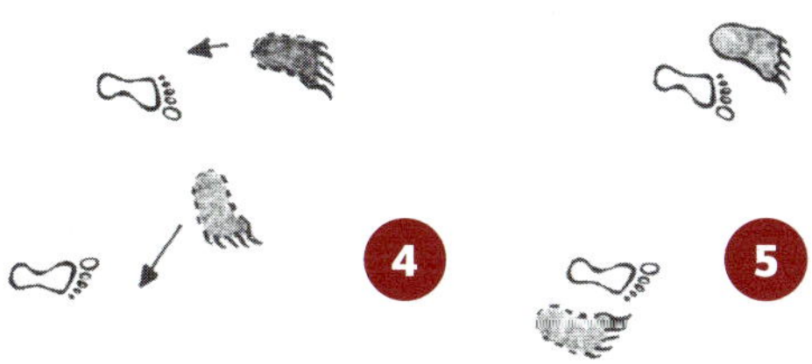

wegung viel Schwung, um dich vor dem Partner mit einem Sprung deines Standbeins an ihn heran einzudrehen. Dein Standbein landet seitlich vom Partner. Dein Schwungbein streckst du dabei quer vor die Oberschenkel des Partners (Bahnschranke).

Du ziehst den Partner zu dir hin (Kontakt mit deiner Seite). Du wirfst ihn durch eine Längsachsendrehung (von Kopf bis Fuß), dabei ziehst du deinen Partner eng an dich heran, sodass er mitgedreht wird und fällt.

5.8 Braungurt

O GURUMA (Großes Rad)

Aufgabe 1

Vergleiche O GURUMA und ASHI UCHI MATA: Welches Bild stellt welchen der beiden Würfe dar? Wie wird das Standbein gesetzt? Welches sind die Aufgaben des Spielbeins?

1

2

Aufgabe 2

Male die Fußfolge des KAWAISHI-Eingangs in die vier leeren Kästchen und kennzeichne dabei UKE und TORI.

1	2	3	4

Aufgabe 3

Versuche zu beschreiben, wie ein O SOTO GURUMA aussehen könnte. Denke dabei an O GURUMA und O SOTO GARI!

Aufgabe 4

Dein kleines Wörterbuch: Was heißt ASHI, UCHI, SOTO und GURUMA auf Deutsch?

ASHI = ____________ UCHI = ____________

SOTO = ____________ GURUMA = ____________

KATA GURUMA
(Schulterrad auf den Knien)

Der Wurf

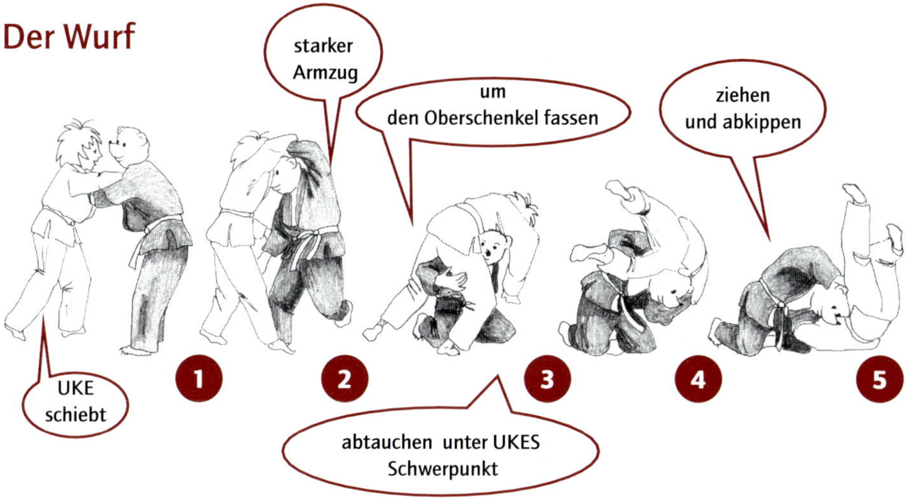

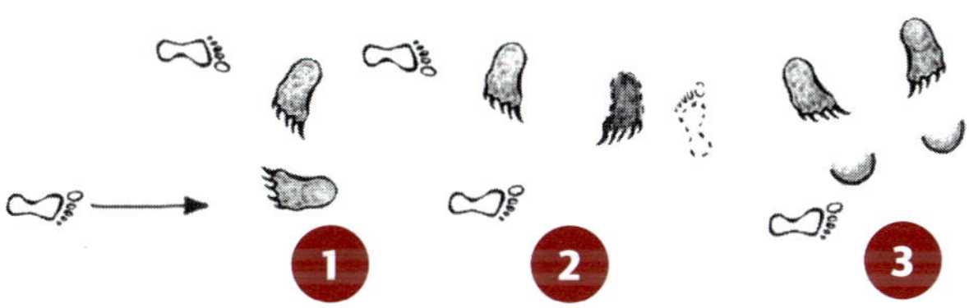

Uke schiebt, du ziehst wie nie und gleitest dann auf deine Knie. Nun seinen Schenkel gut gefasst, nach vorne kippst du ab die Last!

ZUM MITLESEN:

Ausgangssituation: Dein Partner schiebt. Du drehst den rechten Fuß einwärts wie zum Pulling out-Eingang und ziehst den Partner gleichzeitig stark nach vorn auf, sodass er mit seinem rechten Fuß einen Schritt nach vorn machen muss.

Du lässt dich unter andauerndem Armzug auf die Knie nieder und fasst mit deiner rechten Hand von innen um den Oberschenkel des Partners, sodass dein Hals Kontakt zu seinem Oberschenkel bekommt. Mit deiner linken Hand ziehst du weiter, während ihn die rechte hebt und kippst ihn nach vorne ab.

5.8 Braungurt

KATA GURUMA (Schulterrad)

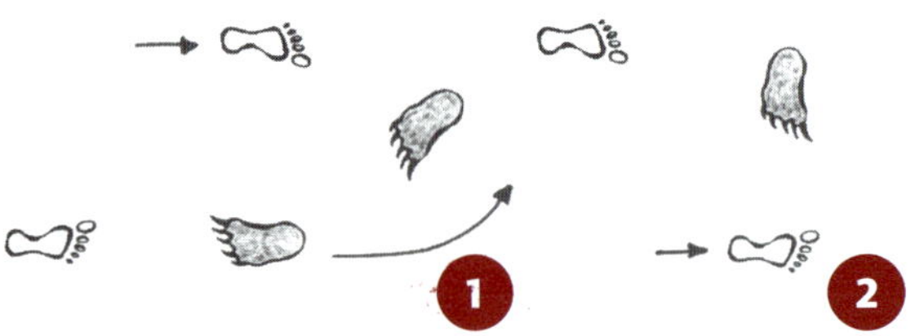

UKE schiebt, du ziehst wie nie und gehst tief in deine Knie.
Nun seinen Schenkel gut gefasst, heb' aus den Knien deine Last!

Der Wurf

ZUM MITLESEN:

Ausgangssituation: Dein Partner schiebt. Du drehst den rechten Fuß einwärts wie zum PULLING OUT-Eingang und ziehst den Partner gleichzeitig stark nach vorn auf, sodass er mit seinem rechten Fuß einen Schritt nach vorn machen muss.

Du gehst dicht unter andauerndem Armzug tief in die Knie nieder und fasst mit deiner rechten Hand von innen um den Oberschenkel des Partners, sodass dein Hals Kontakt zu seinem Oberschenkel bekommt.

Mit deiner linken Hand ziehst du weiter, während ihn die rechte hebt. Du hebst ihn aus den Knien heraus mit geradem Rücken (aufrecht!) aus und kippst ihn nach vorne ab.

5.8 Braungurt

KATA GURUMA (Schulterrad auf den Knien)

Aufgabe 1

Das nebenstehende Bild zeigt die zweite Wurfphase des KATA GURUMA. Beschreibe kurz, welche Bewegung hier deine Arme ausführen müssen!

___

___

___

Aufgabe 2

Stell dir vor, du wirfst einen KATA GURUMA auf den Knien, drehst aber weiter ein, sodass du mit dem Rücken zum Partner kommst. Wo fasst nun günstigerweise dein Arm zu und welcher Wurf ergibt sich jetzt, den du bisher nur im Stand geworfen hast?

___

___

___

___

Aufgabe 3

Du wirfst einen KATA GURUMA (siehe Bild). Dein Partner reagiert in diesem Moment aber stark nach hinten. Welche Möglichkeiten stehen dir jetzt zur Verfügung?

___

___

___

Aufgabe 4

Dein kleines Wörterbuch: Was heißen die folgenden Wörter auf Deutsch?

KATA = ________________ SEOI = ________________

TE = ________________ HARA = ________________

KATA GURUMA
(Schulterrad)

Aufgabe 1

Vergleiche TE GURUMA und KATA GURUMA. Welcher Wurf ist auf welchem Bild dargestellt? Wo liegen die Unterschiede und Ähnlichkeiten?

____

____

____

Aufgabe 2

Warum ist es so wichtig, beim Ausheben eines KATA GURUMA einen geraden und aufrechten Rücken zu behalten?

____

____

____

____

Aufgabe 3

Aus welcher Wurfphase stammt das nebenstehende Bild? Auf welche wichtigen Einzelheiten musst du in dieser Wurfphase achten?

____

____

____

Aufgabe 4

Dein kleines Wörterbuch: Was heißen die folgenden Wörter auf Deutsch?

YOKO = ____________________ MATA = ____________________

KO = ____________________ MAKE KOMI = ____________________

5.8 Braungurt

SOTO MAKI KOMI (Äußeres Niederfallen)

Der Wurf

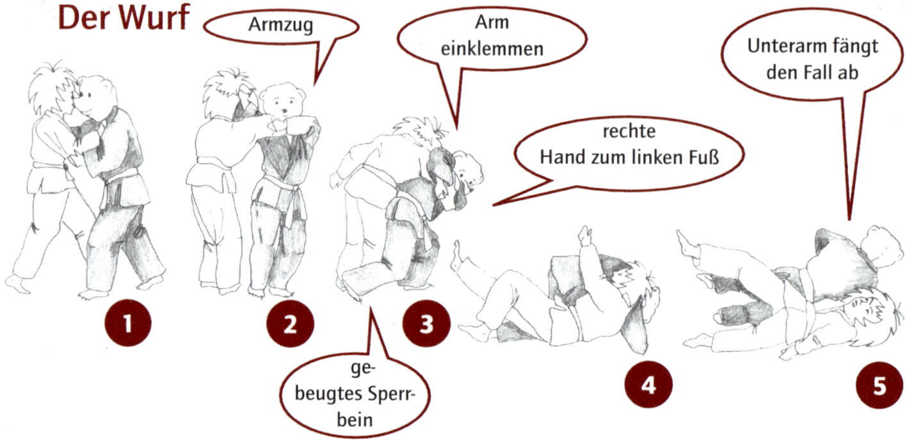

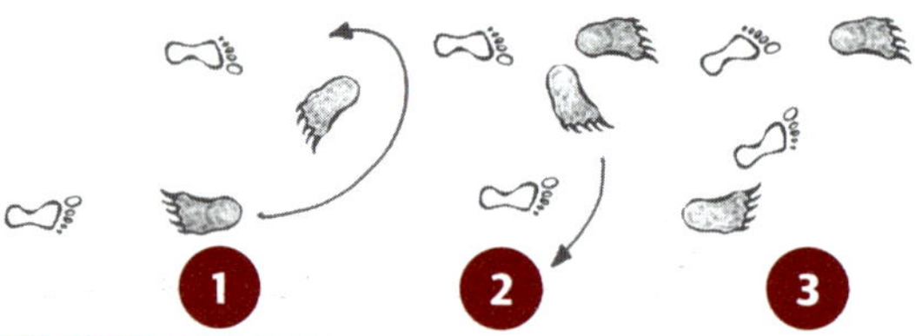

Uke schiebt, du reißt stark an, klemmst ein seinen Arm sodann, Sperrbein im „TAI OTOSHI - Schritt", er stolpert und nun fällst du mit!

ZUM MITLESEN:

Ausgangssituation: Rückwärtsbewegung und Rechtsfassart. Du reißt den Partner stark an (auf die Uhr schauen). Dabei fasst dein rechter Arm über den rechten Oberarm des Partners und klemmt ihn unter der Achsel ein. Gleichzeitig setzt du nun dein Sperrbein außen dicht vor seine Beine und gehst tief in die Knie (wie beim TAI OTOSHI).

Unter fortgesetztem Armzug bewegst du deine rechte Hand in Richtung deines linken Fußes. Dein Unterarm fängt den Sturz ab damit du nicht auf der Schulter des Partners landest.

5.8 Braungurt

Aufgabe 1

Was machen deine Arme beim SOTO MAKI KOMI?

____

____

____

____

Aufgabe 2

Welche Würfe stellen die beiden Bilder dar? Vergleiche sie in ihren Ähnlichkeiten und Unterschieden!

____

____

____

____

Aufgabe 3

Zu welchen Würfen gehören die Bilder **1** und **2**? Beschreibe kurz die Einzelheiten, die ähnlich sind, und dann die Unterschiede.

____

____

____

Aufgabe 4

Dein kleines Wörterbuch: Was heißen die folgenden Wörter auf Deutsch?

OTOSHI = ____________________ SOTO = ____________________

KO = ____________________ UCHI = ____________________

5.8 Braungurt

URA NAGE (Rückwurf)

Der Wurf

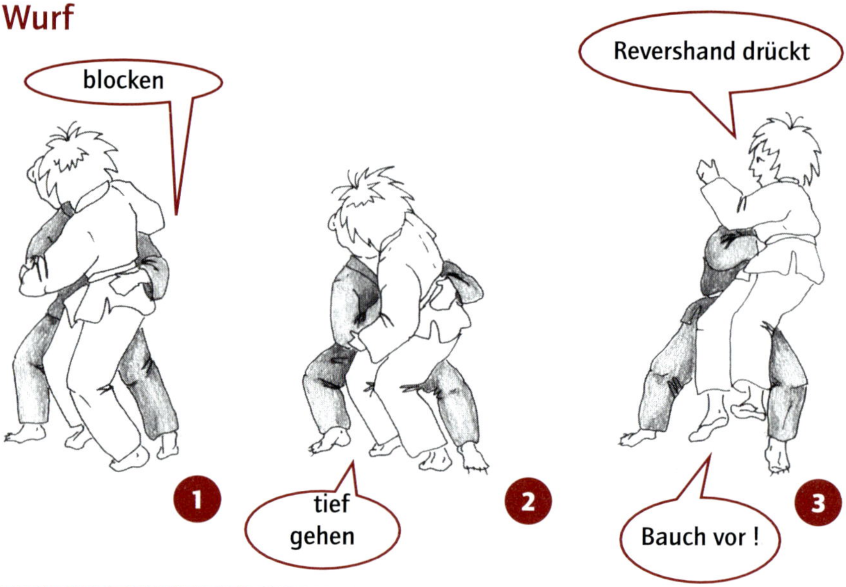

Blocken, tief geh'n,
hochgehoben,
Bauch raus, Kopf dreh'n
und geflogen!

Tipp:
Übe diesen Wurf auf der Weichbodenmatte!

ZUM MITLESEN:

Dein Partner dreht rechts einen Hüftwurf ein. Du trittst um ihn herum, gehst tief in die Knie und schiebst die linke Hüfte vor (blocken). Dein linker Arm greift fest um die Hüfte des Partners und zieht ihn eng heran. Die rechte (Revers-) Hand stemmt sich vorn gegen seinen Bauch. Du hebst explosionsartig aus den Knien heraus aus, indem du den Bauch vorbringst. Du ziehst ihn weiter eng an dich heran, drückst ihn mit der Revershand nach hinten um und presst deinen Kopf gegen seine Schulter. Dein Oberkörper folgt der Revershand mit einer Drehung, sodass du selbst auf die Seite fällst.

5.8 Braungurt

URA NAGE (Rückwurf)

Aufgabe 1

Der URA NAGE kann als Kontertechnik gegen Hüftwürfe eingesetzt werden. Welche Hüftwürfe kennst du inzwischen?

____

____

____

____

Aufgabe 2

Warum musst du um deinen Partner herumtreten, bevor du einen URA NAGE eindrehst? Was geschieht, wenn du nicht herumtrittst?

____

____

____

____

Aufgabe 3

Warum musst du den Kopf anpressen und den Oberkörper mitdrehen, wenn du URA NAGE wirfst? Was geschieht, wenn du das vergisst?

____

____

____

____

Aufgabe 4

Dein kleines Wörterbuch: Was heißt ASHI, URA, SOTO und NAGE auf Deutsch?

ASHI = ______________________ URA = ______________________

SOTO = ______________________ NAGE = ______________________

YOKO GURUMA (Seitliches Rad)

Der Wurf

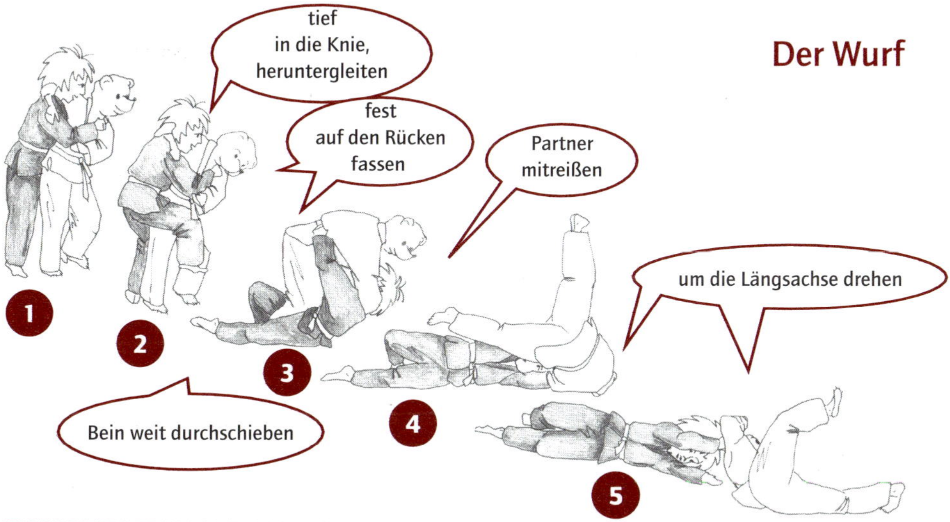

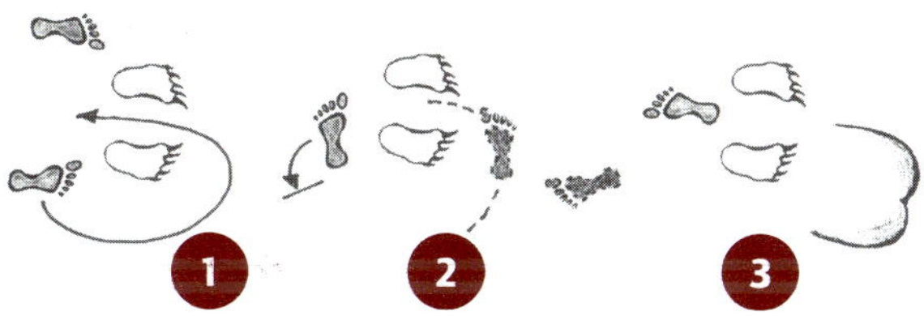

Er dreht ein und du – nicht dumm – bewegst dich schnell um ihn herum.
Gleite dicht an ihn heran zu Boden, dein Bein durch sodann.
Reiß ihn fest an seinem Rücken: Du bist schwer, er muss sich bücken.
Nun noch um die Achse drehen und er wird zu Boden gehen!

ZUM MITLESEN:

Dein Partner dreht zu einem Hüftwurf ein. Er steht etwas abgebeugt, sodass du ihn nicht nach hinten kontern kannst (URA NAGE oder TANI OTOSHI). Du nutzt diesen Schwung, um tief in den Knien um seine Seite herumzugleiten. Dein Arm fasst fest um seine Hüfte und du gleitest mit dem vorderen Bein zwischen seinen Beinen durch dicht an ihn heran. Dein anderes Bein sperrt lang seine Füße, während du ihn mit deinem Gewicht und starkem Armzug vom Rücken her herunterreißt. Er wird zu einer seitlichen Rolle gezwungen und du führst diese Bewegung weiter.

5.8 Braungurt

YOKO GURUMA (Seitliches Rad)

Aufgabe 1

Beim Eindrehen einer Hüfttechnik kann dein Partner sich unterschiedlich verhalten. Beschreibe kurz, was du **dann** machst. Folge den Pfeilen.

Dein Partner dreht eine Hüfttechnik ein.

Wenn er aufrecht bleibt ...

____

Dann ...

____

____

Wenn er sich nach vorn abbeugt ....

____

Dann ...

____

____

Anschließend machst du einen

____

Aufgabe 2

Zu welchen Würfen gehören die Bilder 1 und 2? Beschreibe kurz die Einzelheiten, die ähnlich sind, und dann die Unterschiede.

____

____

____

____

____

____

____

Aufgabe 3

Dein kleines Wörterbuch: Was heißen die folgenden Wörter auf Deutsch?

YOKO = ______________________ NAGE = ______________________

ASHI = ______________________ DORI = ______________________

PERSPEKTIVEN

Fast schon ein Glückwunsch – mit einer guten Prüfung zum „begehrten Braun" wirst du ein weiteres Ziel ansteuern, dass du dir persönlich gesetzt hast. Klar, dass du in weiterer Ferne auch den DAN oder Meistergrad mit dem schwarzen Gürtel erreichen möchtest, bis dahin brauchst du dies Buch nur noch hin und wieder zum Nachschauen. Aber es ist so eine Sache mit den Zielvorstellungen, kaum hat man sein gestecktes Ziel erreicht, stellt sich die Frage „was weiter?", nicht wahr? Du bist fast „durch" mit diesen Seiten, und weißt über Judo schon eine ganze Menge.

Was kannst du nun damit anfangen?

Vielleicht bist du **Wettkämpfer**, dann stellst du dir diese Frage erst gar nicht. Du weißt, an wie vielen Techniken du persönlich noch sehr arbeiten musst, um sie beidseitig bei jeder auch noch so kleinen Chance auf Erfolg einsetzen zu können. Du weißt, wo die Bewegungsabläufe noch grob sind, und dass du viele weitere schweißtreibende Stunden Training für eine Feinstform brauchen wirst. Du musst immer neu Kreativität spielen lassen, um deine Techniken zu Handlungskomplexen zusammenzustellen, zu erweitern und zu verändern – und deine Messlatte ist letztlich der Erfolg im Wettkampf. Für Spannung ist reichlich gesorgt!

Möglicherweise ist aber der Wettkampf „nicht dein Ding", wenn dich auch die Vielfalt an Techniken im Judosport und ihre Kombinationsmöglichkeiten faszinieren. Judo hält dich fit und macht Spaß, außerdem ist dieser Sport für dich mittlerweile zu einer Art Lebenshaltung und zu einem Teil deiner Persönlichkeit geworden.

Du möchtest gern mehr über weitere Techniken und ihre Kombinationsmöglichkeiten erfahren, dich reizt es, die Geschmeidigkeit und Harmonie der Bewegungsabläufe gemeinsam mit dem Partner zu vervollkommnen, ohne dich ständig im Wettkampf messen zu müssen. Vielleicht interessiert es dich da, einmal an **Kata**-Meisterschaften teilzunehmen, in denen eben diese Dinge in möglichst vollendeter Form von miteinander eingespielten Partnern präsentiert werden.

Es kann aber auch sein, dass du zu denen gehörst, die Freude daran haben, anderen ihr Wissen weiterzugeben. Vielleicht hast du schon einmal als Assistent im Unterricht geholfen. Und du hast dann insgeheim mit dem Gedanken gespielt, selbst **Übungsleiter** zu werden, weil es dir Spaß macht, Kindern oder Erwachsenen die Besonderheiten im Judosport zu vermitteln. Du würdest gern dein eigenes Training intensivieren, um selbst die erforderlichen Techniken in einem guten Bewegungsvorbild demonstrieren zu können, und um die für den Unterricht notwendigen Qualifikationen zu erwerben.

Welcher Weg auch immer dir mehr liegt, besprich deine Pläne mit Freunden und natürlich deinem Heimtrainer oder Übungsleiter. Er wird dir zeigen können, wie du dein Vorhaben praktisch am besten verwirklichen kannst, und welche weitere Ausbildung für dich am günstigsten ist. Versuche zusätzlich, dich in den Landes- oder Bundesstützpunkten oder auf angebotenen Lehrgängen weiterzubilden. Dort wirst Du sicher viele weitere verschiedene Versionen der dir bereits bekannten Techniken vorgestellt bekommen. Bleibst du offen für weitere Versionen, so wirst du mit der Zeit die dir am besten liegenden Techniken in deinen Wurfkreis aufnehmen können. Auf deinem weiteren Weg viel Erfolg wünschen dir

Hexe und Bär

Notiere hier einmal (ganz ehrlich) deine eigenen weiteren Zielvorstellungen und wie du sie erreichen könntest:

5.9 Ergänzende Würfe

TSUBAME GAESHI (Schwalben-Gegenwurf)

Der Wurf

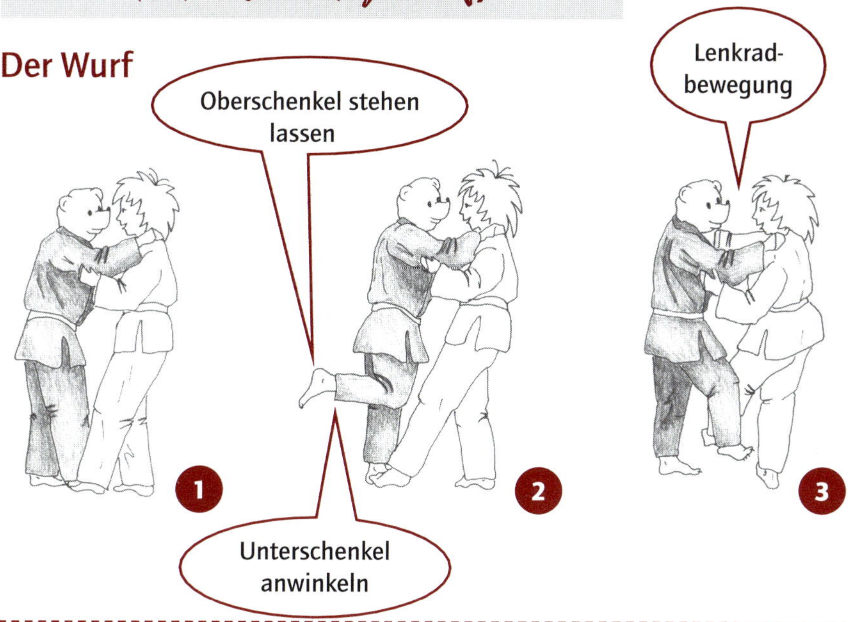

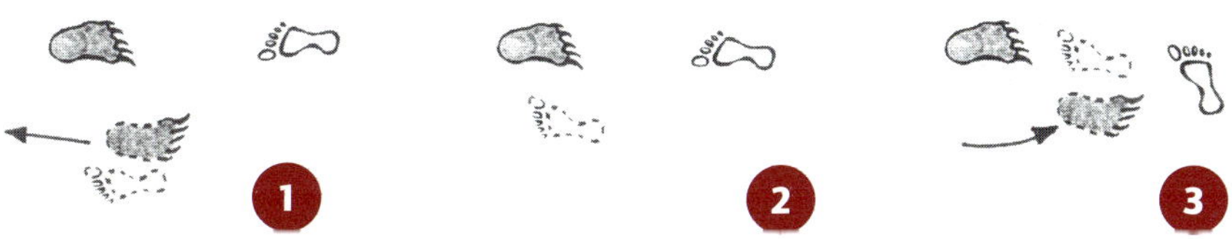

Unterschenkel angezogen, gelenkt – nun ist er selbst geflogen!

ZUM MITLESEN:

Dein Partner setzt einen DE ASHI BARAI an.
Du weichst aus, indem du deinen Unterschenkel locker anwinkelst (Achtung: Oberschenkel bleibt stehen!) und nun deinerseits von außen an seinem vorgestreckten Fuß einen DE ASHI BARAI ansetzt. Deine Arme vollführen dabei eine Lenkradbewegung.

Anmerkung:
Du kannst auch beide Beine fegen!

5.9 Ergänzende Würfe

TSUBAME GAESHI (Schwalben-Gegenwurf)

Aufgabe 1

Beschreibe die Ausweichbewegung deines Beines und male sie in den drei leeren Kästchen auf!

1	2	3

Aufgabe 2

Dein Partner setzt einen SASAE TSURI KOMI ASHI an. Beschreibe, wie du ausweichen kannst, um den Partner anschließend zu werfen. Welchen Wurf könntest du dafür nutzen?

Aufgabe 3

Dein kleines Wörterbuch: Was heißen die folgenden Wörter auf Deutsch?

GAESHI = ____________________

SUMI = ____________________

TSUBAME = ____________________

5.9 Ergänzende Würfe

YOKO SUMI GAESHI (Seitliche Eckenkippe)

Der Wurf

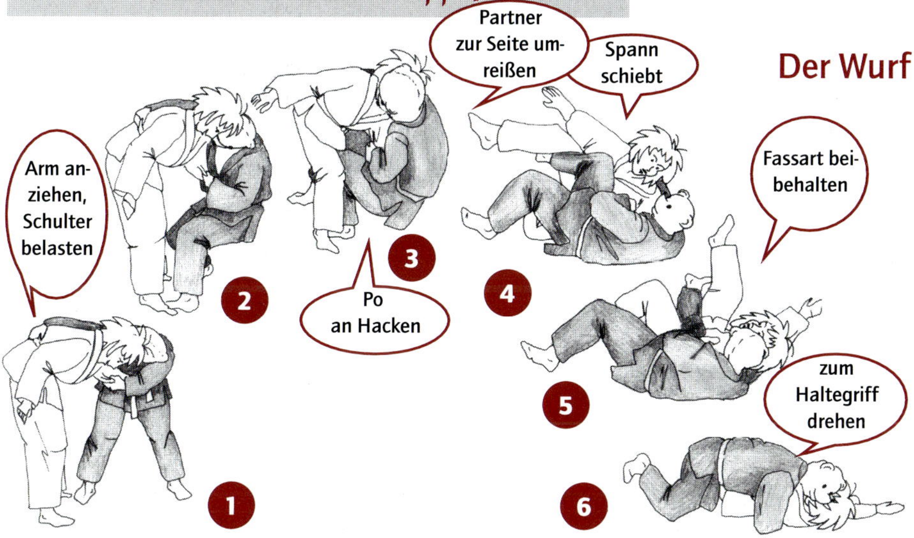

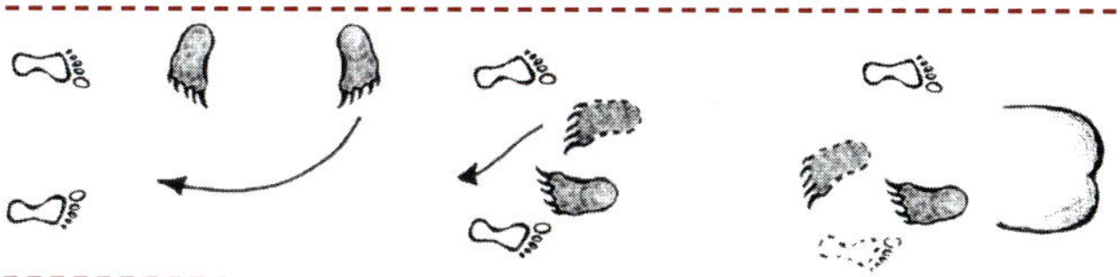

Fall vor den Partner, reiß ihn um und dreh ihn mit dem Spann herum!

ZUM MITLESEN:

Ausgangssituation: Ihr steht in der Gegenauslage (V-förmig). Dein Partner steht leicht abgebeugt. Du fasst seinen diagonalen Arm und ziehst ihn eng quer vor deinen Körper. Mit der anderen Hand fasst du weit über seinen Rücken und ziehst ihn eng heran (Arm anziehen und seine Schulter belasten). Mit dem linken Bein trittst du nun dicht vor seine Füße. Du gleitest mit dem Po dicht an den Hacken heran. Dabei ziehst du seinen Arm weiter vor deinen Bauch und reißt den Partner durch den Griff auf den Rücken seitlich herunter. Du unterstützt sein seitliches Kippen, indem du mit dem Spann deines Spielbeins am Oberschenkel herumschiebst. Du behältst die Fassart bei, bis er am Boden liegt, um gleich zu einem Haltegriff überrollen zu können.

5.9 Ergänzende Würfe

KHABARELLI
(benannt nach einem georgischen Judoka)

Der Wurf

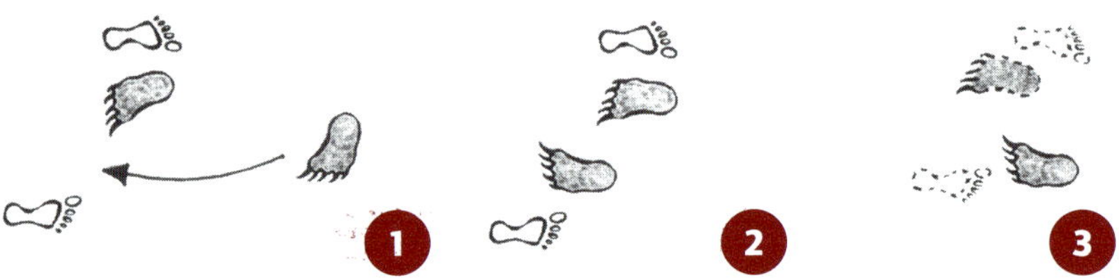

ZUM MITLESEN:

Dein Partner steht leicht abgebeugt. Du hast ihn am Arm gefasst und ziehst seinen Arm nach schräg vorn zu dir hin. Dein anderer Arm greift in seinen Gürtel, deine Achsel hat engen Kontakt zu seiner Schulter.

Du ziehst dein hinteres Bein eng heran, sodass deine Hüfte unter dem Schwerpunkt des Partners ist. Deine Hand fasst im Taschengriff unterhalb seines Knies.

Du hebst ihn unter Mithilfe beider Arme aus den Knien heraus aus. Dein rechtes Bein unterstützt diese Bewegung, indem du es von unten nach außen-oben führst.

Du bringst die Hüfte vor und neigst Kopf und Oberkörper zurück, bis du in eine rückwärtige Standwaage kommst (umgekehrter UCHI MATA). Durch Drehung des Oberkörpers und mit Unterstützung der Arme wirfst du ihn ab.

Tipp:

Es ist sinnvoll und durchaus nicht weichlich, diesen Wurf auf der Weichbodenmatte zu üben.

**Gürtel fassen übern Rücken,Taschengriff am Knie muss glücken,
aus den Knien hebst du aus, das Bein zur Standwaage hinaus.
Schau ihm nach und führ sein Bein (mit Taschengriff) zur Matte rein!**

5.9 Ergänzende Würfe

YOKO SUMI GAESHI
(Seitliche Eckenkippe)

Aufgabe 1

Beschreibe die Armbewegung beim YOKO SUMI GAESHI!

Aufgabe 2

Zu welchen Würfen gehören die Bilder 1 und 2? Beschreibe kurz Gemeinsamkeiten und Unterschiede.

Aufgabe 3

Beschreibe: Wie könntest du ASHI UCHI MATA und YOKO SUMI GAESHI verknüpfen? Wie würde sich der Bewegungsablauf im YOKO SUMI GAESHI dabei verändern?

Aufgabe 4

Dein kleines Wörterbuch: Was heißen die folgenden Wörter auf Deutsch?

GAESHI = ______ MATA = ______

YOKO = ______ SUMI = ______

KHABARELLI
(benannt nach einem georgischen Judoka)

Aufgabe 1
Vergleiche ASHI UCHI MATA und KHABARELLI: Welches Bild stellt welchen der beiden Würfe dar? Wo liegen die Gemeinsamkeiten und Unterschiede?

Aufgabe 2
Mit welchen anderen Techniken kannst du den KHABARELLI kombinieren? Wie muss sich der Partner dafür bewegen?

Aufgabe 3
Welche Möglichkeiten gibt es zum Erarbeiten der für den KHABARELLI notwendigen Fassart? Welche anderen Techniken kannst du aus der gleichen Fassart noch ansetzen?

Aufgabe 4
Dein kleines Wörterbuch: Was heißen die folgenden Wörter auf Deutsch?

TSURI = ______ GAESHI = ______
O = ______ SASAE = ______

TANI OTOSHI (Talfallzug)

Der Wurf

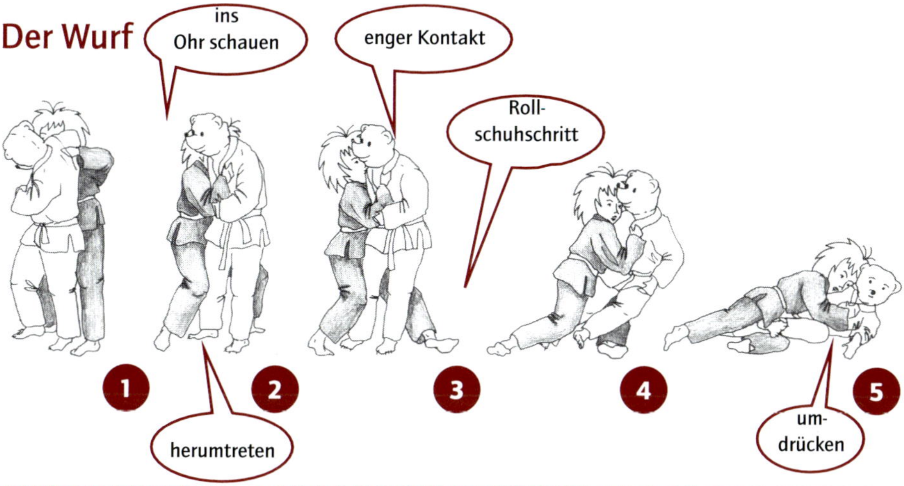

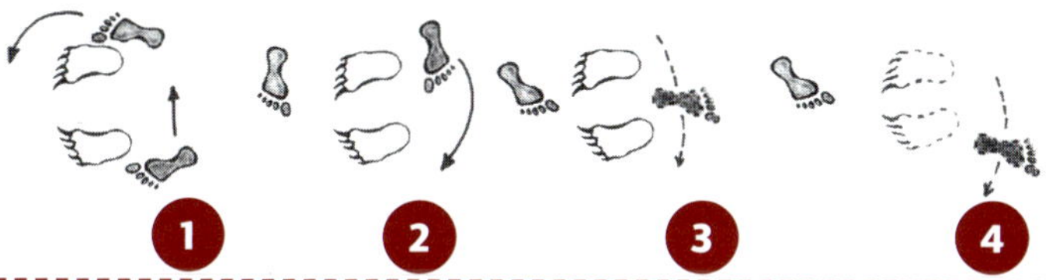

> Er dreht ein, du trittst herum, schaust ins Ohr und drückst ihn um: Eins, zwei, drei, im Rollschuhschritt fällt der Partner – du fällst mit.

ZUM MITLESEN:

Während dein Partner eine Hüfttechnik eindreht, blockst du (Hüfte tief und vor). Du trittst anschließend tief in den Knien um ihn herum (ins Ohr schauen). Du fasst ihn um die Hüfte und drückst ihn mit deiner Revershand nach hinten. Dein Körper hat dabei engen Kontakt zur Seite des Partners. Das Bein, das hinter dem Partner steht, gleitet nun (Rollschuhschritt) eng von hinten um die Beine deines Partners. Du versuchst, ihm dabei über die Schulter zu schauen (Kopf an die Brust), und dein Oberkörper legt sich auf deinen Partner, während er fällt.

Tipp für Fortgeschrittene:
Dieser Wurf kann auch als Angriffstechnik geworfen werden oder nach einer fintierten Hüfttechnik (vorne-hinten).

5.9 Ergänzende Würfe

KOGA SEOI NAGE

Der Wurf

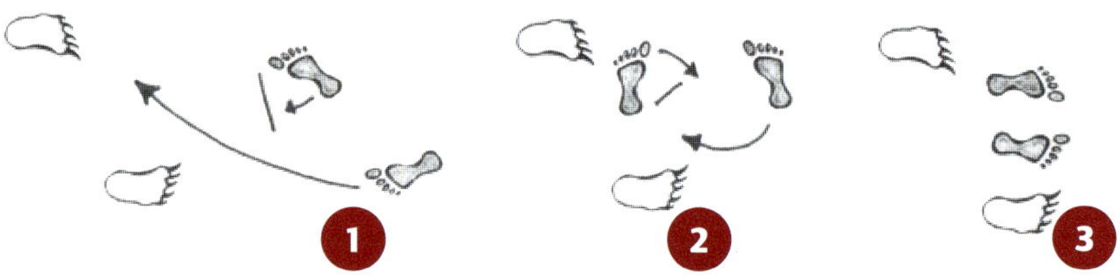

Im Diagonalgriff fasst du zu und drehst von außen ein im Nu,
der Po muss durch, tief in die Knie, Arm über deine Schulter zieh!

(Koga – Schulterwurf, benannt nach einem japanischen Judoka)

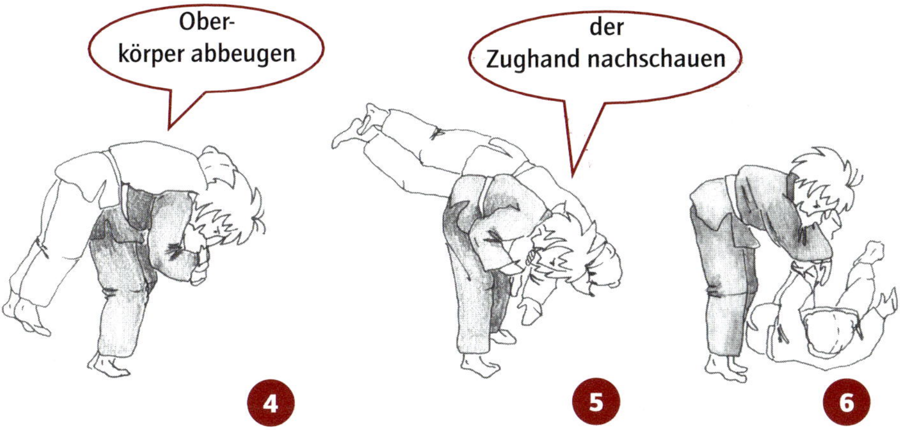

ZUM MITLESEN:

Du fasst den Arm deines Partners im Diagonalgriff. Von außen drehst du einen IPPON SEOI NAGE links ein, indem du einen Stemmschritt vor die Beine des Partners machst und dabei seinen rechten Arm über deine linke Schulter ziehst.

Du trittst rechts im Halbkreis nach hinten und gehst dabei tief in die Knie.

Du wirfst unter fortgesetztem Armzug durch Abbeugen des Oberkörpers über deine linke Schulter und schaust dabei der Zughand hinterher.

5.9 Ergänzende Würfe

KOGA SEOI NAGE
(Koga – Schulterwurf)

Aufgabe 1
Vergleiche IPPON SEOI NAGE und KOGA SEOI NAGE: Welches Bild stellt welchen der beiden Würfe dar? Wo liegen die Ähnlichkeiten und Unterschiede?

Aufgabe 2
Dein Partner hat dich rechts am Revers gefasst. Wie kannst du zur Ausgangssituation für den KOGA SEOI NAGE gelangen?

Aufgabe 3
Welche anderen Formen des SEOI NAGE sind dir bekannt?

Aufgabe 4
Dein kleines Wörterbuch: Was heißen die folgenden Wörter auf Deutsch?

IPPON = ____________ MOROTE = ____________
SEOI = ____________ SASAE = ____________

YOKO GAKE
(Seitliches Einhängen)

Der Wurf

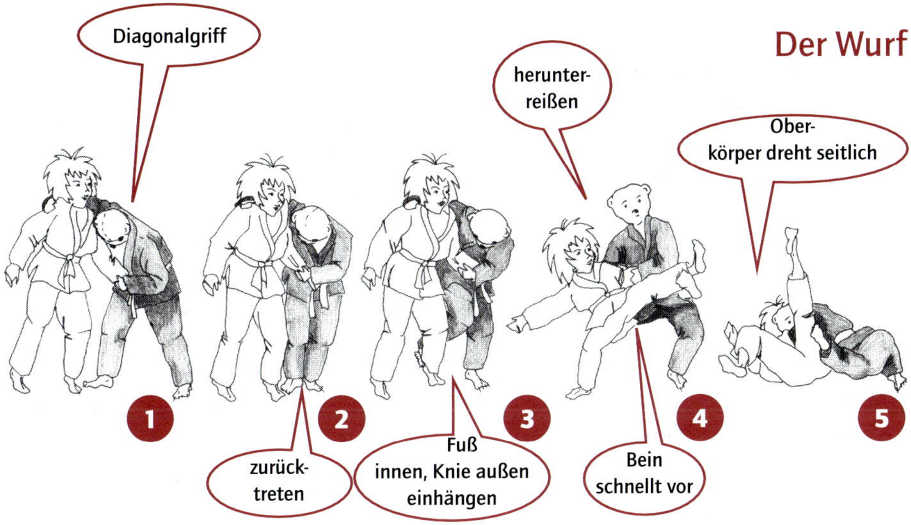

Du hängst dich ein und reißt zurück, dein Bein schnellt vor, er fällt zum Glück!

ZUM MITLESEN:

Ausgangssituation: Ihr steht V-förmig in der Gegenauslage. Dein Partner steht leicht abgebeugt. Du fasst seinen diagonalen Arm und ziehst ihn quer vor den Körper, gleichzeitig trittst du nach hinten. Er reagiert nach hinten, um deinen vermuteten ASHI UCHI MATA zu verhindern. Du nutzt seine Bewegung aus, indem du dein Bein von hinten in sein belastetes Bein einhängst (Fuß innen, Knie außen). Du reißt ihn jetzt am Revers nach hinten und schnellst deine Hüfte mit deinem eingehängten Bein nach vorn. Dein Oberkörper dreht sich dabei zu ihm hin, sodass du seitlich fällst.

Anmerkung:

Du übst diesen Wurf am besten auf der Wurfmatte!

5.9 Ergänzende Würfe

YOKO GAKE
(Seitliches Einhängen)

Aufgabe 1

In welche Wurfgruppe gehört der YOKO GAKE? ASHI-, KOSHI-, TE-, oder SUTEMI-WAZA? Welche weiteren Würfe gehören in diese Grupppe?

____

____

____

____

____

____

Aufgabe 2

Beschreibe kurz, wie dein Partner reagiert, wenn du einen ASHI UCHI MATA ansetzt, und was du **dann** machst. Folge den Pfeilen.

Du setzt einen ASHI UCHI MATA an.

Wenn er nach vorn reagiert, ____________________

Dann ... ____________________ ____________________

Wenn er nach hinten reagiert, ____________________

Dann ... ____________________ ____________________

Anschließend machst du einen ____________________

Aufgabe 3

Dein kleines Wörterbuch: Was heißen die folgenden Wörter auf Deutsch?

GAESHI = ____________________

YOKO = ____________________

GAKE = ____________________

ASHI = ____________________

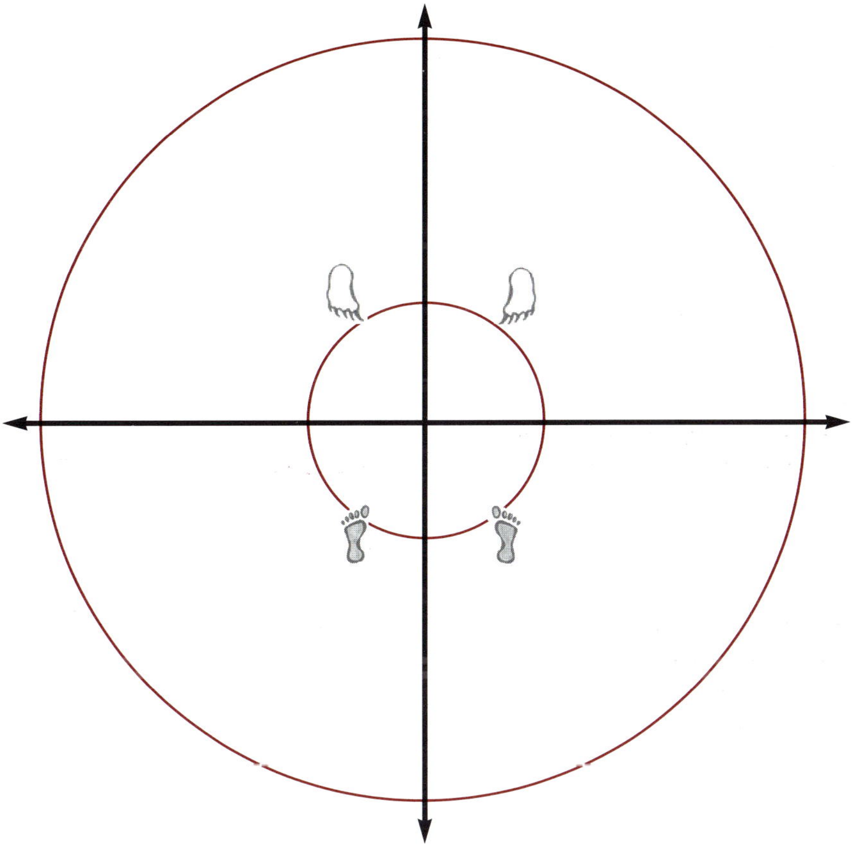

Und nun hast du – nachdem du in diesem Buch viele neue Würfe kennen gelernt hast – die Gelegenheit, hier deinen eigenen Wurfkreis aus deinen absoluten Lieblingstechniken aufzubauen. Versuche dabei, alle Wurfrichtungen abzudecken und achte auf günstige Kombinationsmöglichkeiten.

Viel Spaß beim Überlegen!

7 KÄMPFERKARTEI

Wenn du häufig auf Wettkämpfe gehst, lohnt es sich, Gegner, denen du immer wieder auf der Matte begegnest, genauer zu beobachten, und dich eventuell taktisch auf sie einzustellen. Das folgende Beispiel einer Kämpferkartei soll dir helfen zu lernen, worauf man dabei besonderes Augenmerk legen könnte.

Name, Vorname: ______________________________

Fassart
(in der Zeichnung
vom Judogi ankreuzen,
wo er fasst)

Rechtsauslage O   Linksauslage O

Standkämpfer O   Bodenkämpfer O

Vorbereitende Techniken: ______________________________

____

Haupttechnik: ______________________________

Anschlusstechniken: ______________________________

____

Bodentechniken: ______________________________

____

Besonderheiten: ______________________________

____

KLEINES JAPANISCHES WÖRTERBUCH 1

ASHI	Bein
ASHI WAZA	Techniken mit Hilfe des Beines
BARAI	fegen
DORI	reißen
DAN	Meistergrad
GAESHI	kontern
GAKE	einhängen
GARI	sicheln
GURUMA	Rad
HAJIME	anfangen!
HANE	federn
HANSOKU MAKE	Disqualifikation
HARA	Bauch
HARAI	fegen
HIDARI	links
HIZA	Knie
IPPON	Punkt (höchste Wertung imWettkampf)
KATA	ein, Schulter
KEIKOKU	schwere Bestrafung (Waza-ari für den Gegner)
KO	klein
KOKA	Vorteil (kleinste Wertung im Wettkampf)
KOSHI	Hüfte
KOSHI WAZA	Techniken mit Hilfe der Hüfte
KUCHIKI	ein morscher Baum
KUMI KATA	„Form des Greifens"
KUZUSHI	das Gleichgewicht brechen
KYU	Schülergrad

KLEINES JAPANISCHES WÖRTERBUCH 2

Hier hast du Platz, weitere japanische Wörter und Begriffe aufzuschreiben, die du im Training gelernt hast und dir gerne merken möchtest:

Sode	Ärmel

Zum Basteln bei Lösung der Übungsaufgaben

O SOTO OTOSHI:

SASAE TSURI KOMI ASHI:

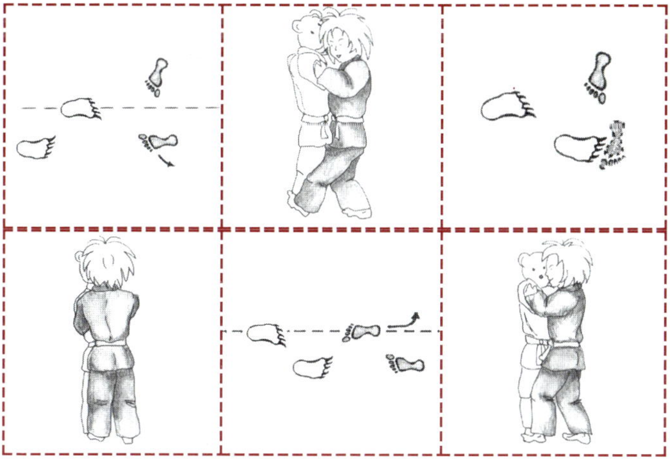

DE ASHI BARAI:

KOSHI GURUMA:

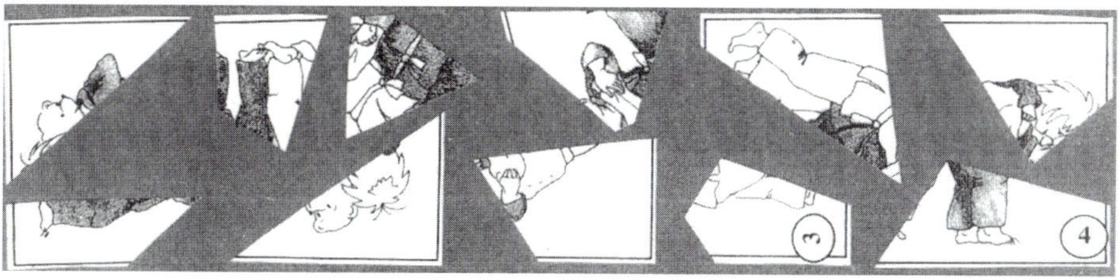

O GOSHI:

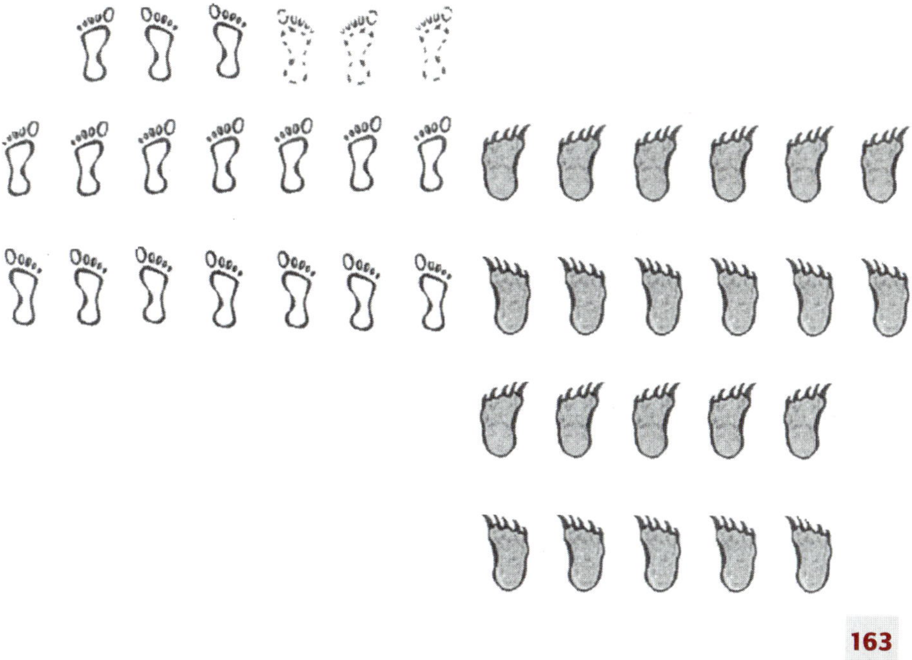

O UCHI BARAI:

KO UCHI BARAI:

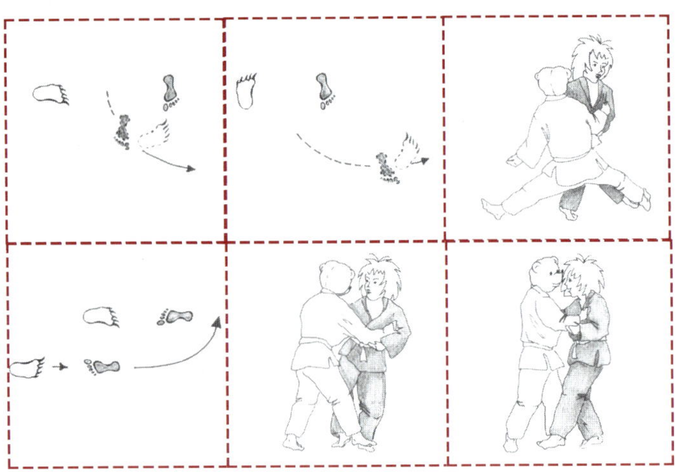

TOMOE NAGE:

AUSZÜGE (STANDPROGRAMM)

WEIß-GELB (8. KYU)

(Mindestalter 6 Jahre)

Falltechnik:
Fallen rückwärts,
Judorolle mit Liegenbleiben auf einer Seite

Wurftechnik:
O GOSHI oder UKI GOSHI (Uke schiebt)
O SOTO OTOSHI (Uke zieht)
HIZA GURUMA oder SASAE TSURI KOMI ASHI (Uke schiebt)
DE ASHI BARAI (Uke schiebt)

GELB (7. KYU)

(Mindestalter 7 Jahre)

Falltechnik:
Fallen rückwärts,
Judorolle mit Liegenbleiben auf einer Seite

Wurftechnik:
O GOSHI (Uke schiebt)
KOSHI GURUMA (Uke schiebt)
SEOI OTOSHI (Uke schiebt)
O UCHI GARI (Uke zieht)
KO UCHI GARI (Uke zieht)

GELB-ORANGE (6. KYU)

(Mindestalter 8 Jahre)

Falltechnik:
Fallen rückwärts über einen Partner (Bank),
Judorolle rechts und links mit Aufstehen,
Fallen seitwärts am Partner

Wurftechnik:
IPPON SEOI NAGE (Uke schiebt)
TAI OTOSHI (Tori zieht)
TSURI KOMI GOSHI (Uke Kreisbewegung)
O SOTO GARI (Tori seitwärts)
DE ASHI BARAI (Uke zieht/Kreisbewegung)

ORANGE (5. KYU)

(Mindestalter 9 Jahre)

Falltechnik:
Judorolle vorwärts über ein Hindernis

Wurftechnik:
HARAI GOSHI (Tori Kreisbewegung)
KO SOTO GAKE (Uke zieht)
O UCHI BARAI (Uke Kreisbewegung)
KO UCHI BARAI (Uke Kreisbewegung)
HIZA GURUMA oder SASAE TSURI KOMI ASHI (Tori Kreis)

AUSZÜGE (STANDPROGRAMM)

STAND/KOMPLEXAUFGABE: KOMBINATIONEN

1. Tori greift mit einer Fußtechnik an, Uke verteidigt sich durch Übersteigen, Tori nutzt die neue Situation mit einer Wurftechnik.
2. Tori greift mit einer Eindrehtechnik an, Uke verteidigt sich durch Hüftblock, Tori nutzt die neue Situation mit einem Wurf nach hinten.

ORANGE-GRÜN (4. KYU)

(Mindestalter 10 Jahre)

Falltechnik:
Freier Fall nach einer Seite

Wurftechnik:
KO UCHI MAKI KOMI
TOMOE NAGE
YOKO TOMOE NAGE
OKURI ASHI BARAI
UCHI MATA (KOSHI)

STAND/KOMPLEXAUFGABE: Entfällt

GRÜN (3. KYU)

(Mindestalter 11 Jahre)

Falltechnik:
Freier Fall nach beiden Seiten

Wurftechnik:
TANI OTOSHI
YOKO OTOSHI
SUMI GAESHI
HANE GOSHI
Jede der Techniken aus zwei verschiedenen Bewegungsvorgaben, zwei dieser Würfe müssen zur anderen Seite erfolgen.

STAND/KOMPLEXAUFGABE: VERTEIDIGUNGSVERHALTEN

1. Lösen einer Fassart **a.** am Ärmelende
   b. am Nacken
   und Erarbeiten einer eigenen Fassart.
2. Uke greift mit einer Eindrehtechnik an, Tori verteidigt sich durch
   a. Ausweichen in Eindrehrichtung
   b. Ausweichen gegen Eindrehrichtung.
3. Uke greift mit Fußwürfen an, Tori verteidigt sich durch Ausweichen und Übersteigen.

AUSZÜGE (STANDPROGRAMM)

BLAU (2. KYU)

(Mindestalter 12 Jahre)
Wurftechnik:
ASHI UCHI MATA
KATA ASHI DORI oder KUCHIKI TAOSHI
USHIRO GOSHI oder UTSURI GOSHI
TE GURUMA
Jede der Techniken aus zwei verschiedenen Bewegungsvorgaben, drei dieser Würfe müssen zur anderen Seite erfolgen.

STAND/KOMPLEXAUFGABE: VERTEIDIGUNGSVERHALTEN

1. Verhindern einer Fassart im Nacken und Angriff mit einer eigenen Wurftechnik.
2. Uke greift an, Tori kontert: **a.** zweimal nach Ausweichen
   b. einmal nach Blocken durch Ausheben.

BRAUN (1. KYU)

(Mindestalter 14 Jahre)
Wurftechnik:
ASHI GURUMA oder O GURUMA
KATA GURUMA
SOTO MAKI KOMI
URA NAGE oder YOKO GURUMA
Jede der Techniken aus zwei verschiedenen Bewegungsvorgaben, vier dieser Würfe müssen zur anderen Seite erfolgen.

STAND/KOMPLEXAUFGABE: ANGRIFFSVERHALTEN

1. Zwei Wurftechniken gegen Gegner mit extremer Haltung: **a.** Rechtskämpfer
   b. Linkskämpfer
   c. stark abgebeugt.
2. Finten: drei Varianten des Fintierens mit anschließender Wurfausführung.

11 Nachwort

So, das wär's erst einmal! Wenn ihr das alles behaltet und mit den Übungen einigermaßen begriffen habt, was wir euch hier vorgemacht haben, seid ihr schon ein gutes Stück vorangekommen mit eurem Lieblingssport! Natürlich gibt es noch die ganzen Bodentechniken im Judo und anderes mehr, aber das ist erst Gegenstand des nächsten Buches. Wollt ihr die gezeichneten Würfe einmal wirklich als Zeichentrickfilm ablaufen sehen, so ist zusätzlich zu diesem Buch eine CD mit Hexe, Bär und vielen Fragen erhältlich, die euer Verständnis noch vertiefen kann. Diese CD ist ebenfalls über den Meyer & Meyer Verlag, Aachen zu beziehen.

Aber denkt daran: **Kein Buch kann euch die Übung ersetzen und abnehmen, die ihr braucht, um einen Wurf vernünftig werfen zu können.** Viel Geduld miteinander und Genauigkeit auch bei der einhundertundfünfundneunzigsten Wiederholung eines Wurfes sind erforderlich, um das zu erreichen.

Wir wünschen euch jedenfalls immer einen guten Partner und viel Spaß beim Üben,

Eure kleine Hexe und der kleine Bär

Übrigens:

Die kleine Hexe und den kleinen Bären gibt es wirklich.
Dahinter verstecken sich die beiden, die dieses Buch gemeinsam für euch gemacht haben:

DIE AUTOREN

Der kleine Bär heißt in Wirklichkeit Björn Deling und blickt auf über zwanzig Jahre Judoerfahrung zurück. So alt schaut er noch gar nicht aus, nicht wahr?

Er hat - wie ihr - als Kind mit dem Judosport begonnen und dann als aktiver Wettkämpfer viele Erfahrungen gesammelt - zum Beispiel, dass er viel und genau üben musste, um schließlich Deutscher Meister im Judo zu werden, aber das wisst ihr ja nun sicher auch schon nach diesem Buch. Seine Erfahrungen gibt er als Trainer seit vielen Jahren an Kinder im Wettkampf- und Breitensport weiter. Die Idee zu diesem Buch hatte er gemeinsam mit der kleinen Hexe, als sie beide von den Kindern immer wieder gefragt wurden, was sie denn für die Prüfung lernen und üben könnten. Da hat er das, was für die gute Ausführung der verschiedenen Würfe wichtig ist, einmal für euch zusammengestellt und aufgeschrieben.

Die kleine Hexe heißt in Wirklichkeit Dr. Hedda Sander. Sie ist selbst seit vielen Jahren Übungsleiterin und weiß von ihren eigenen drei Kindern, die wie sie selbst auch alle am Judo Spaß haben, wie wichtig Zeichnungen zum Verstehen von Würfen sind. So hat sie sich hingesetzt und für euch den kleinen Bären und die kleine Hexe entworfen, die sich als Comicfiguren durch dieses Buch trollen und gemeinsam üben.

Dazu hat sie gemeinsam mit dem kleinen Bären alle Würfe, die ihr braucht, durchgeworfen und auf Video aufgezeichnet. Aus diesen Videoaufnahmen sind dann in langer Arbeit die Zeichnungen entstanden, die ihr hier wie zu einem Zeichentrickfilm zusammengestellt für jede Technik seht. Dabei ist ihr die Darstellung von Einzelheiten, die für eine gute Ausführung der jeweiligen Technik entscheidend sind, sehr wichtig gewesen, damit ihr auch die Bilder „lesen" könnt, wenn euch einmal ein Kommentar dazu unklar ist.

An dieser Stelle möchten Hexe und Bär sich noch einmal bei allen bedanken, die sie durch fruchtbare Diskussionen und geduldiges Korrekturlesen unterstützt haben. Besonders geholfen haben uns die wertvollen Anregungen von Heiner Sauer und die gründliche Durchsicht der Bilder von Gottfried Burucker. Ebenfalls herzlich bedanken möchten wir uns bei Hermann Roßberg und der Bereitschaftspolizei Braunschweig für die großzügige Bereitstellung des Dojo.

Hedda Sander/Björn Deling

BÄRENLÖSUNGEN FÜR HEXENFRAGEN

Lösungsbeiheft zum Lehrbuch

LÖSUNGEN

Allgemeine Vorbemerkung:

Fußfolgen und Wurfabfolgen bitte unter dem jeweiligen Arbeitsblatt zum Übungsblatt kontrollieren. Japanische Begriffe bitte im japanischen Wörterbuch nachschlagen.

Eingänge:

S. 27

Aufg. 1 UKE schiebt stark: PULLING OUT.
UKE zieht leicht: KODOKAN vorwärts.
TORI Rechtsauslage: KODOKAN vorwärts, dir. Eingang, KAWAISHI.
UKE schiebt leicht: KODOKAN rückwärts.
TORI zieht UKE im Kreis: KODOKAN, KAWAISHI.
Seitwärtsbewegung: direkter Eingang, KODOKAN.

Aufg. 2 Um unter den Schwerpunkt des Partners zu kommen.

S. 29

Aufg. 4 A = PULLING OUT
B = KODOKAN rückwärts
C = KODOKAN vorwärts

Aufg. 5 Phase 3-5 ... gleich.
Einmal trittst du zum Stemmen nach hinten (B), einmal nach vorn (C).

S. 30

Aufg. 6 A = UKE schiebt stark.
B = UKE schiebt leicht.
C = UKE zieht oder steht.

Aufg. 7 UKE schiebt stark, daher PULLING OUT-Eingang, da er dich sonst umläuft. UKE schiebt leicht, daher KODOKAN rückwärts, um unter seinen Schwerpunkt zu kommen.

Aufg. 8 Alle Eingänge sind möglich, Wahl des Eingangs ist abhängig von deinen und UKES Bewegungen.

Würfe

S. 32

Aufg. 1 den Bären anmalen = TORI

Aufg. 2 1 = O GOSHI
2 = KOSHI GURUMA
Gummiknie, Armzug
Ähnlichkeiten: Hüftwürfe, Gummiknie und Armzug wichtig.
Unterschiede: O GOSHI - um die Hüfte fassen.
KOSHI GURUMA - um den Kopf fassen.

S. 34

Aufg. 1 Schulterkontakt (umdrücken), Sperrbein außen vor - Phase 3.

S. 36

Aufg. 2 Rückwärtsbewegung, Partner schiebt, aus der Bewegung treten (Gummiknie), Armzug und Druck, gestrecktes Bein.

Aufg. 3 SASAE TSURI KOMI ASHI.

S. 38

Aufg. 2 Rückwärtsbewegung, warten und rühren, fegen mit der Sohle des gestreckten Beins, das unbelastete Bein fegen - kurz bevor er es aufsetzt, Lenkradbewegung (Arm nach innen).

S. 40

Aufg. 2 Vorwärtsbewegung, das vorn stehende, wenig belastete Bein wird gefegt. Der DE ASHI BARAI aus der Rückwärtsbewegung wird durch Warten und Rühren eingeleitet, sein hinteres, unbelastetes Bein wird gefegt.

S. 46

Aufg. 2 Phase 3: Nackenreversfassart, Partner eng einklemmen, auf die Uhr schauen, Charlie-Chaplin-Schritt.
Phase 4: Gerades Handgelenk, Gummiknie, Kopf dreht mit, Armzug (auf die Uhr schauen), rechts vortreten.

S. 49

Aufg. 2 verriegeln = Oberarm des Partners fest in die Armbeuge klemmen.
Fuß um den Partner „wickeln" = Sperrbein dicht vor das Bein des Partners setzen und tief gehen.

S. 51

Aufg. 1 Partner reagiert nach hinten: KO UCHI GARI
Partner reagiert nach vorn: KOSHI GURUMA

Aufg. 2 1 = Phase 1; starker Anriss
2 = Phase 3; Fußsohle sichelt langes Bein, Arme drücken nach unten.

LÖSUNGEN

S. 53

Aufg. 1 Partner reagiert nach vorn = KOSHI GURUMA
Partner reagiert nach hinten = O UCHI GARI, anschließend Haltegriff.

Aufg. 2 1, 3 = O UCHI GARI
2, 4 = KO UCHI GARI
Partner stehen in gegengleicher Auslage (z.B. TORI Links-, UKE Rechtsauslage).
Partner stehen in gleicher Auslage (z.B. beide Rechtsauslage) beim KO UCHI GARI.

S. 55

z.B. SASAE TSURI KOMI ASHI, KOSHI GURUMA.

S. 57

Aufg. 1 Ständig tiefer gleiten, um unter den Schwerpunkt des Partners zu gelangen, bei Abwurf erst die Beine durch Abbeugen des Oberkörpers strecken.

Aufg. 2 1 = SEOI OTOSHI
2 = SEOI NAGE
Ähnlichkeiten: Arm verriegeln.
Unterschiede: 1 = Sperrbein dicht vor das Bein des Partners, dabei tief gehen.
2 = tief gehen ohne Sperrbein, Füße schulterbreit.

S. 59

Aufg. 1 Phase 2: Ellenbogen mit stabilem Handgelenk unter die Achsel.

Aufg. 2 rechte Hand = Hubhand (Ellenbogen unter die linke Achsel des Partners/stabiles Handgelenk).
linke Hand = Zughand (auf die Uhr schauen).

Aufg. 3 1 = TSURI KOMI GOSHI
2 = IPPON SEOI NAGE
Ähnlichkeiten: tief in die Knie unter den Schwerpunkt des Partners gleiten.
Unterschiede: 1 = Ellenbogen mit stabilem Handgelenk unter die Achsel.
2 = Arm einklemmen, verriegeln.

S. 61

Aufg. 1 TSURI KOMI GOSHI
Ellenbogen unter die Achsel des Partners drücken mit stabilem Handgelenk – diese Bewegung gibt es auch im TAI OTOSHI.

LÖSUNGEN

Aufg. 2 1 = TAI OTOSHI
2 = SEOI OTOSHI
Ähnlichkeit: Sperrbein dicht vor das Bein des Partners und tief gehen.
Unterschiede: 1 = Ellenbogen mit stabilem Handgelenk unter die Achsel des Partners.
2 = Arm einklemmen und verriegeln.

Aufg. 3 1 = TSURI KOMI GOSHI
2 = TAI OTOSHI
Ähnlichkeit: Arm unter die Achsel des Partners setzen, stabiles Handgelenk, starker Armzug.
Unterschiede: 1 = tief gehen ohne Sperrbein.
2 = Sperrbein dicht vor das Bein des Partners setzen.

S. 63

Aufg. 1 Nach vorn (Mittelsenkrechte der Fußlinie) steht der Partner schwach!
In Richtung des Gürtelknotens wird aufgezogen.

Aufg. 2 1 = TAI OTOSHI (KODOKAN rückwärts)
2 = TAI OTOSHI (direkter Eingang)
Ähnlichkeiten: Armzug in die gleiche Richtung,
Ellenbogen in der Achsel ansetzen.
Unterschiede: 1 = vorne kreuzen.
2 = hinten kreuzen.

Aufg. 3 Nach schräg vorn und nach schräg hinten ist er in Rechtsauslage schwach.

S. 65

Aufg. 1 Bär = TORI; 4, 1, 3, 2

Aufg. 2 Kontakt (Schulter an Schulter, durchsicheln zur Standwaage).

Aufg. 4 Gerader Arm schlägt ab, Kinn auf die Brust,
Arm des Partners festhalten.

S. 67

Aufg. 2 1. Anriss in den Kreis, 2. Partner mit Lenkradbewegung stoppen.

Aufg. 3 Rückwärtsbewegung; Vorwärtsbewegung.

Aufg. 4 O GOSHI (und andere mehr ...).

S. 69

Haltegriff zählt, also weiterhalten, bis der Kampfrichter „MATE" sagt.
Anfangen zu kämpfen, also Fassart aufnehmen und werfen.
Haltegriff gelöst, also neu versuchen, den Partner in den Haltegriff zu bekommen.

LÖSUNGEN

S. 71

Aufg. 1 O GOSHI kann wie HARAI GOSHI aus der Kreisbewegung geworfen werden, ist wie dieser ein Hüftwurf (Gummiknie, Armzug = auf die Uhr schauen, der Zughand nachsehen).

Aufg. 2 1 = O SOTO GARI
2 = HARAI GOSHI
Bei beiden Würfen kommt man zur Standwaage.

Aufg. 3 1 = HARAI GOSHI
2 = TAI OTOSHI
Ähnlichkeiten: Eindrehtechniken
Unterschiede: 1 = Bein zur Standwaage, um die Hüfte fassen.
2 = Sperrbein strecken, Ellenbogen mit stabilem Handgelenk unter der Achsel, Sperrbein belastet.

S. 73

Aufg. 1 SOTO = außen (außen am Partner vorbei)
UCHI = innen (zwischen den Beinen des Partners).

Aufg. 2 KO = klein (innere Muskulatur des Oberschenkels verkürzt)
O = groß (äußere Muskulatur des Oberschenkels verkürzt).

Aufg. 3 1 = O SOTO GARI
2 = KO SOTO GAKE
Ähnlichkeiten: UKES Bein wird von außen angegriffen.
Unterschiede: 1 = hochfegen zur Standwaage.
2 = einhängen von außen.

S. 75

Aufg. 2 Armzug, T-Schritt, nachziehen, tief gehen, fegen von 12 nach 3 Uhr, Bein ist die Verlängerung der Hüfte, Arm drückt nach unten.

Aufg. 4 Haltegriff

S. 77

Aufg. 2 Armzug, T-Schritt, fegen mit der Sohle, langes Bein, Arme drücken nach unten.

S. 79

Aufg. 1 Revershand (rechts) zieht zur Schulter.
Armhand (links) drückt den Ellenbogen des Partners nach aufwärts hinten (Lenkradbewegung).

Aufg. 2 Mit der Fassart aus der Rückwärtsbewegung (Partner schiebt).
Hier wird der SASE TSURI KOMI ASHI gegen die Fassart aus der Kreisbewegung geworfen.

Aufg. 3 1 = SASAE TSURI KOMI ASHI
2 = DE ASHI BARAI
Ähnlichkeiten: Beides sind Fußtechniken.
Unterschiede: 1 = stoppt mit dem eigenen Bein das belastete Bein des Partners, Revershand zieht.
2 = fegt das unbelastete Bein des Partners, Revershand drückt.

S. 83

Aufg. 1 Partner reagiert nach hinten: KO UCHI MAKI KOMI.
Partner reagiert nicht: KOSHI GURUMA, anschließend ein Haltegriff.

Aufg. 2 1 = KO UCHI GARI
2 = KO UCHI MAKI KOMI
Ähnlichkeiten: Das vordere diagonale Bein wird gesichelt.
Unterschiede: 1 = Sohle sichelt, gestrecktes Bein, Arm drückt nach unten.
2 = Bein des Partners wird gesichelt, linker Arm über den Oberschenkel des Partners, enger Kontakt zum Partner, geworfen wird durch Mitfallen.

S. 86

Aufg. 1 Mit gebeugtem Bein weit unter den Partner gleiten (Po an Hacken).

Aufg. 2 Arme ziehen den Partner heran, kontrollieren seinen Fall und du rollst über, ohne loszulassen, gleich in einen Haltegriff.

Aufg. 3 Nackenreversfassart. Du schiebst, Partner schiebt dagegen. Oder:
Partner schiebt stark, und du bist in der Rückwärtsbewegung.

S. 90

Aufg. 1 TOMOE NAGE: Beim YOKO TOMOE NAGE liegst du quer zum Partner.

Aufg. 2 seitwärts

Aufg. 3 KO UCHI BARAI

Aufg. 4 Russenhebel, JUJI GATAME

S. 92

Aufg. 2 Arme heben den Partner (zusammenführen), dann Lenkradbewegung.

Aufg. 3 1 = OKURI ASHI BARAI
2 = DE ASHI BARAI
Ähnlichkeiten: Fußtechniken (Feger), Lenkradbewegung.
Unterschiede: 1 = beide Beine werden gefegt.
2 = ein Bein wird gefegt.

LÖSUNGEN

S. 94

Aufg. 2 1 = HARAI GOSHI
2 = KOSHI UCHI MATA
Ähnlichkeiten: Hüfttechniken auf einem Bein.
Unterschiede: 1 = Bein fegt außen vorbei.
2 = Bein fegt zwischen den Beinen des Partners.

S. 96

1 = Jigoro Kano
2 = japanische Ritter
3 = Selbstbeherrschung, Rücksichtnahme auf den Partner, Techniken und „körperliches" Denken.

S.98

Aufg. 1 Phase 2 - tief gehen und weit herumtreten (ausweichen); ohne Tiefgehen wirst du vom Partner mit einer Hüfttechnik geworfen.

Aufg. 2 Vorn zu einer Hüfttechnik anreißen, Partner reagiert nach hinten, TANI OTOSHI folgt.

Aufg. 3 1 = TANI OTOSHI
2 = KO UCHI MAKI KOMI
Ähnlichkeiten: Bei beiden Techniken fällst du mit, beide kannst du nutzen, wenn dein Partner auf deinen Anriss nach hinten reagiert, um einer erwarteten Hüfttechnik auszuweichen.
Unterschiede: 1 = Arm drückt an der Brust, Rollschuhschritt.
2 = Arm fasst um den Oberschenkel, das diagonale Bein des Partners wird gesichelt.

S. 100

Aufg. 1 TOMOE NAGE, YOKO TOMOE NAGE

Aufg. 2 MA SUTEMI WAZA = TOMOE NAGE
YOKO SUTEMI WAZA = YOKO TOMOE NAGE, YOKO OTOSHI

Aufg. 3 UKI WAZA (Rückfallzug): TORIS ausgestrecktes Bein liegt nicht seitlich, sondern quer vor dem Partner, der darüber gerade nach vorne fällt.
UKE steht bei YOKO SUTEMI WAZA quer zum Partner und fällt seitlich von ihm.

S. 102

Aufg. 1 Stark abgebeugter Partner.

Aufg. 2 1 = TOMOE NAGE
2 = SUMI GAESHI

Ähnlichkeiten: MA SUTEMI WAZA
Unterschiede: 1 = (Nacken)reversfassart, Fuß in die Leiste.
2 = Griff über den Rücken, Fuß an den Oberschenkel innen.

Aufg. 3 MA SUTEMI WAZA

Aufg. 4 DE ASHI BARAI, OKURI ASHI BARAI, SASAE TSURI KOMI ASHI, O UCHI GARI, KO UCHI GARI, O SOTO GARI, KO SOTO GAKE, O SOTO OTOSHI.

S. 104

Aufg. 1 Phase 4 – gebeugtes Spielbein an die Innenseite seines Oberschenkels bringen.

Aufg. 2 1 = KOSHI UCHI MATA
2 = HANE GOSHI
Ähnlichkeiten: Einbeinige Hüfttechniken, Standwaage.
Unterschiede: 1 = gestrecktes Fegebein.
2 = gebeugtes Bein wird angesetzt und streckt sich erst in der Standwaage.

Aufg. 3 HANE GOSHI, KOSHI UCHI MATA, O GOSHI, TSURI KOMI GOSHI, KOSHI GURUMA, HARAI GOSHI

S. 105

SASAE TSURI KOMI ASHI, SUMI GAESHI, TAI OTOSHI, UCHI MATA, O GOSHI, IPPON SEOI NAGE, KO UCHI BARAI, O SOTO GARI.

S. 107

Aufg. 1 1 = ASHI UCHI MATA: Standbein außen, Bein auf der Revershandseite wird angegriffen.
2 = KOSHI UCHI MATA: Standbein zwischen den Beinen des Partners, Bein auf der Armhandseite wird angegriffen.

Aufg. 2 KEN - KEN UCHI MATA; nachfassen und UKES Standbein wegziehen.
YOKO SUMI GAESHI (wenn der Partner nach hinten reagiert).

Aufg. 3 KO UCHI GARI anfegen, vorwärts, rückwärts, seitwärts und Kreisbewegung.

S. 109

Aufg. 1 Phase 2 – weiter Ausfallschritt nach vorn, Oberkörper aufrecht, um den Oberschenkel fassen, Kopf taucht unter dem Arm durch.

Aufg. 2 KHABARELLI, SASAE TSURI KOMI ASHI

Aufg. 3 1 = O UCHI GARI
2 = O UCHI GARI (mit Bein wegreißen)

Ähnlichkeiten: vorderes gleichseitiges Bein des Partners wird angegriffen.
Unterschiede: 1 = Reversfassart.
2 = um den Oberschenkel fassen.

S. 111

Aufg. 1 Bein im Kreisbogen ziehen, ein Revers herunterdrücken.

Aufg. 2 KATA ASHI DORI, IPPON SEOI NAGE, SEOI OTOSHI, KO UCHI MAKI KOMI, DE ASHI BARAI

Aufg. 3 1 = O UCHI GARI (mit Bein wegreißen)
2 = KATA ASHI DORI
Ähnlichkeiten: ein Bein hochreißen.
Unterschiede: 1 = Standbein wegreißen, dann O UCHI GARI.
2 = vorderes Bein im Kreisbogen wegreißen.

S. 113

Aufg. 1 Knie mit der Hand sperren, um den Partner umdrücken zu können.
KUCHIKI TAOSHI = einen morschen Baum umdrücken.

Aufg. 2 1 = KUCHIKI TAOSHI
2 = KATA ASHI DORI
Ähnlichkeiten: Beinfassen.
Unterschiede: 1 = Knie wird gesperrt, Partner umgedrückt.
2 = Bein wird im Kreisbogen weggerissen, sodass der Partner fällt.

Aufg. 3 Zum KO UCHI GARI ansetzen, dann aber das angegriffene Bein am Knie fassen und sperren, während der Partner umgedrückt wird.

S. 115

Aufg. 1 Hüfttechniken.

Aufg. 2 Hüfte tief und vor (Gegendrehen gegen die Wurfrichtung des Partners) = blocken.

Aufg. 3 ausheben: tief gehen, Bauch vor und Beine strecken, aufrecht.

S. 117

Aufg. 1 Phase 1: blocken

Aufg. 2 Blocken - Hüfte tief und vor.
Ausheben - Bauch und Hüfte vor, aus den Knien.
Abwerfen - die Hüfte vor, um die du den Partner schwingst.

Aufg. 3 1 = USHIRO GOSHI
2 = UTSURI GOSHI

Ähnlichkeiten: blocken: Hüfte tief und vor. Partner stemmen: Hüfte vor; beide Würfe sind Konterwürfe.

Unterschiede: 1 = Partner nach Stemmen ablegen.
2 = Partner nach dem Stemmen erst um die Hüfte schwingen.

S. 120

Aufg. 1 1 = TE GURUMA
2 = O UCHI GARI (mit Bein wegreißen)
Ähnlichkeiten: Von außen um den Oberschenkel fassen.
Unterschiede: 1 = Spielbein unterstützt das Ausheben.
2 = Fegebein sichelt und Standbein wird weggerissen.

Aufg. 2 Ellenbogen nach unten ziehen, Gegenreaktion abwarten, Arm nach oben drücken, mit Kopf und Arm unter seinem Arm durchtauchen.

Aufg. 3 Hebe aus den Beinen heraus, Bauch und Hüfte vor, aufrecht, Bein kann unterstützen.

S. 122

Aufg. 1 1 = TE GURUMA
2 = TE GURUMA ALS Konter gegen SEOI NAGE.
Ähnlichkeiten: Hand fasst an den Oberschenkel des Partners, um ihn auszuheben.
Unterschiede: 1 = Hand fasst von seitlich-außen um den Oberschenkel, Angriffswurf.
2 = Hand fasst von hinten zwischen den Beinen an den Oberschenkel, Konterwurf.

Aufg. 2 TANI OTOSHI gegen Hüfttechniken.

Aufg. 3 Bauch vor, Hüfte vor, aus den Beinen heraus ausheben.

S. 125

Aufg. 1 PULLING OUT-Eingang: UKE schiebt stark - rechts zurück und einwärts drehen - Charlie-Chaplin-Schritt - rechts vor.
KODOKAN rückwärts: UKE schiebt - rechts zurück und einwärtsdrehen - links im engen Halbkreis nach hinten - rechts vor.
KODOKAN vorwärts: UKE zieht - T-Schritt - links in engem Halbkreis treten - rechts vor.
Direkter Eingang: seitwärts gehen - Fuß vor (Hacken vor).

Aufg. 2 GURUMA = Rad (der Partner schlägt ein „Rad").
TE GURUMA, ASHI GURUMA, O GURUMA, KATA GURUMA, YOKO GURUMA, KOSHI GURUMA, HIZA GURUMA

Aufg. 3 1 = HARAI GOSHI
2 = ASHI GURUMA
Ähnlichkeiten: Partner wird von außen über das Spielbein geworfen.
Unterschiede: 1 = Bein fegt, Hand fasst um die Hüfte.
2 = Bein liegt schräg vor den Beinen des Partners, Partner wird zum Rad über dieses Bein gedrückt, Nackenreversfassart.

S. 128

Aufg. 1 1 = ASHI UCHI MATA
2 = O GURUMA
Ähnlichkeiten: Standbein außen neben den Beinen des Partners.
Unterschiede: 1 = fegen des Beines auf der Revershandseite.
2 = Spielbein liegt quer vor dem Oberschenkel des Partners (Bahnschranke).

Aufg. 3 Ansatz wie zum O SOTO GARI, Spielbein hinten quer hinter den Oberschenkel des Partners halten und den Partner schräg darüber ziehen und drücken.

S. 132

Aufg. 1 Partner stark nach vorn aufziehen, dass er einen Schritt vorgehen muss.

Aufg. 2 SEOI NAGE auf den Knien.

Aufg. 3 Bein fassen und nach hinten umdrücken.

S. 133

Aufg. 1 1 = TE GURUMA gegen SEOI NAGE
2 = KATA GURUMA (Stand)
Ähnlichkeiten: ausheben aus den Knien heraus, Bauch vor, Hüfte vor.
Unterschiede: 1 = von außen zwischen die Oberschenkel fassen.
2 = von innen zwischen die Oberschenkel fassen.

Aufg. 2 Um deine Wirbelsäule zu schonen: Die Kraft aus den Beinen wird so besser genutzt; außerdem, um korrekt nach vorn abkippen zu können.

Aufg. 3 Phase 3 - Armzug, in die Knie gehen, um den Oberschenkel des Partners fassen (Hals hat Kontakt zum Oberschenkel des Partners), gerader Rücken.

S. 135

Aufg. 1 Arm des Partners aufziehen (links), die andere (rechte) Hand klemmt dann den Arm von oben ein, rechte Hand zum linken Fuß bewegen.

Aufg. 2 1 = KO UCHI MAKI KOMI
2 = SOTO MAKI KOMI

Ähnlichkeiten: beide Würfe sind Mitfalltechniken (MAKI KOMI).
Unterschiede: 1 = Oberschenkel fassen, Sichelbein von innen.
2 = Arm einklemmen, Sperrbein von außen.

Aufg. 3 1 = TAI OTOSHI
2 = SOTO MAKI KOMI
Ähnlichkeiten: Sperrbein dicht an den Partner heran.
Unterschiede: 1 = Ellenbogen unter die Achsel, stabiles Handgelenk, Werfen durch Ausheben und Abdrehen.
2 = Arm von oben einklemmen, Werfen durch Mitfallen.

S. 138

Aufg. 1 KOSHI GURUMA, O GOSHI, HARAI GOSHI, KOSHI UCHI MATA, HANE GOSHI

Aufg. 2 Partner fällt auf dich drauf, das ist eine Wertung für den Gegner im Wettkampf.

Aufg. 3 Du landest sonst neben dem Partner auf dem Rücken - das ist eine mögliche Wertung für den Gegner im Wettkampf.

S.140

Aufg. 1 Dein Partner dreht einen Hüftwurf ein. Steht er nach vorn – YOKO GURUMA. Steht er nach hinten – TANI OTOSHI, URA NAGE.

Aufg. 2 1 = TANI OTOSHI
2 = YOKO GURUMA
Ähnlichkeiten: Kontertechniken gegen Hüftwürfe.
Unterschiede: 1 = nach hinten gleiten.
2 = nach vorn-innen gleiten.

S. 144

Aufg. 2 Übersteigen wie beim TSUBAME GAESHI (Unterschenkel hoch), anschließend einen SASAE TSURI KOMI ASHI selbst werfen.

S. 148

Aufg. 1
- Diagonalen Arm quer vor den Körper ziehen.
- Über den Rücken des Partners fassen, Arm anziehen, Schulter belasten.
- Partner durch den Griff am Rücken seitlich umreißen.

Aufg. 2 1 = YOKO SUMI GAESHI
2 = SUMI GAESHI
Ähnlichkeiten: SUTEMI WAZA
Unterschiede: 1 = YOKO SUTEMI WAZA – Arm reißt seitlich, Bein diagonal ansetzen.

2 = MA SUTEMI WAZA - Arm reißt über den Kopf, Bein gerade ansetzen.

Aufg. 3 Nach einem missglückten ASHI UCHI MATA springst du zum YOKO SUMI GAESHI um. Dein Fegebein wird zum Hebebein, ohne zwischendurch aufzusetzen.

S. 149

Aufg. 1 1 = KHABARELLI
2 = ASHI UCHI MATA
Ähnlichkeiten: Standwaage.
Unterschiede: 1 = Standwaage rückwärts.
2 = Standwaage vorwärts.

Aufg. 2 UCHI MATA-Ansatz, Partner reagiert nach hinten, O UCHI GARI folgt, Partner reagiert nun nach vorn, KHABARELLI folgt, versucht der Partner, jetzt stehen zu bleiben, kannst du wieder zum UCHI MATA umsteigen.

Aufg. 3 Einseitig am Arm fassen, am Ellenbogen herunterziehen, übergreifen. Diagonal fassen, Arm übergeben, übergreifen auf den Rücken.
SUMI GAESHI, YOKO SUMI GAESHI, O UCHI GARI, ASHI UCHI MATA, KOSHI UCHI MATA

S. 152

Aufg. 1 1 = SEOI NAGE
2 = KOGA SEOI NAGE
Ähnlichkeiten: Schulterwurf.
Unterschiede: 1 = Arm fasst von innen und verriegelt.
2 = Arm fasst von außen und verriegelt (von außen eingedrehter SEOI NAGE).

Aufg. 2 Maus mit der rechten Hand lösen, links unten seinen Arm halten, rechts auf seinen Arm fassen (siehe Reversfassart lösen Seite 20!).

Aufg. 3 IPPON SEOI NAGE, MOROTE SEOI NAGE, SEOI NAGE (auf den Knien).

S. 154

Aufg. 1 YOKO SUTEMI WAZA

Aufg. 2 Wenn bei einem angesetzten ASHI UCHI MATA der Partner nach hinten reagiert, einen YOKO GAKE anschließen; reagiert er nach vorn, ASHI UCHI MATA durchbringen.